読者の皆様にお聞きするほかないと思います。

今回の改訂作業は，コロナ禍という未曽有の時代にぶつかりました。外食産業，観光業，旅客運送業などの一部の業種で，多くの企業が有事に遭遇しています。有事における対処は，平時に身につけたキャッシュ・フロー予測の能力を最大限発揮することにあります。まずは平時の対応を本書で学んでほしいと思います。

最後に，今回の改訂にあたり，前記の大坪克行社長，数多くのアドバイスをくださった同社大川晋一郎氏に深く感謝します。

2020年11月

西　川　郁　生

まえがき

キャッシュ・フローが脚光を浴びています。ブームと言ってもいいかもしれません。背景にはさまざまな要因が考えられます。

●企業業績が低迷している中で金融機関の貸し渋りが進行し，キャッシュ・フロー（「資金繰り」という意味での）を重視した経営の舵取りを強いられている。
●企業活動や資本市場がグローバル化する中にあって，利益に比べ操作の余地が少ない（＝信頼性の高い）キャッシュ・フローの性格が経営指標として重視されている。
●同じ理由により，キャッシュ・フローが投資尺度として重宝がられている。
●会計制度改革により，日本でも2000年３月期よりキャッシュ・フロー計算書が導入されることになった。

などです。

こうした中，多くの人が解説書やセミナーを通じ，その理解に努めています。これはこれで決して悪いことではありません。

しかし，忘れてならないのは，ニューヨークで株式を上場しているような超優良企業と家族経営の零細企業では，その活用方法も自ずと異なることです。また，いくら精緻な理論を学んでもそれを実際の経営に活かせなければ意味がありません。

要は，**それぞれが身の丈に合った活用方法を考えること，「お題目」だけに終わらせることなく経営の舵取りや日常業務に活かすことこ**

そ，もっとも大切なはずです。

本書はこの点に特に配慮しました。「入門書を読む前に読む本」であることもあり，日頃こうした話に馴染みの薄い中小企業や零細企業の人でも理解できるよう，平易に解説することを心がけました。

解説にあたっては，本質的な幹の部分が影絵のように浮かび上がるよう，付随する枝葉の部分を大胆に削りました。小手先の技術を学ぶ前に，まず全体の輪郭，その本質を理解することがとても重要だからです。

本書が，これまで「キャッシュ・フローのことを知りたいが，どうもとっつきにくい」と感じていた方々に，キャッシュ・フローの本質を理解し，自分の仕事に活かすうえで何がしかのきっかけを提供できれば，筆者にとって望外の幸せです。

1999年2月

小　田　正　佳

も く じ

第2章 資金繰りにおける キャッシュ・フロー

第3章 キャッシュ・フローにも性格がある

第4章 キャッシュ・フローとの接点

第5章 経営指標としてのキャッシュ・フロー

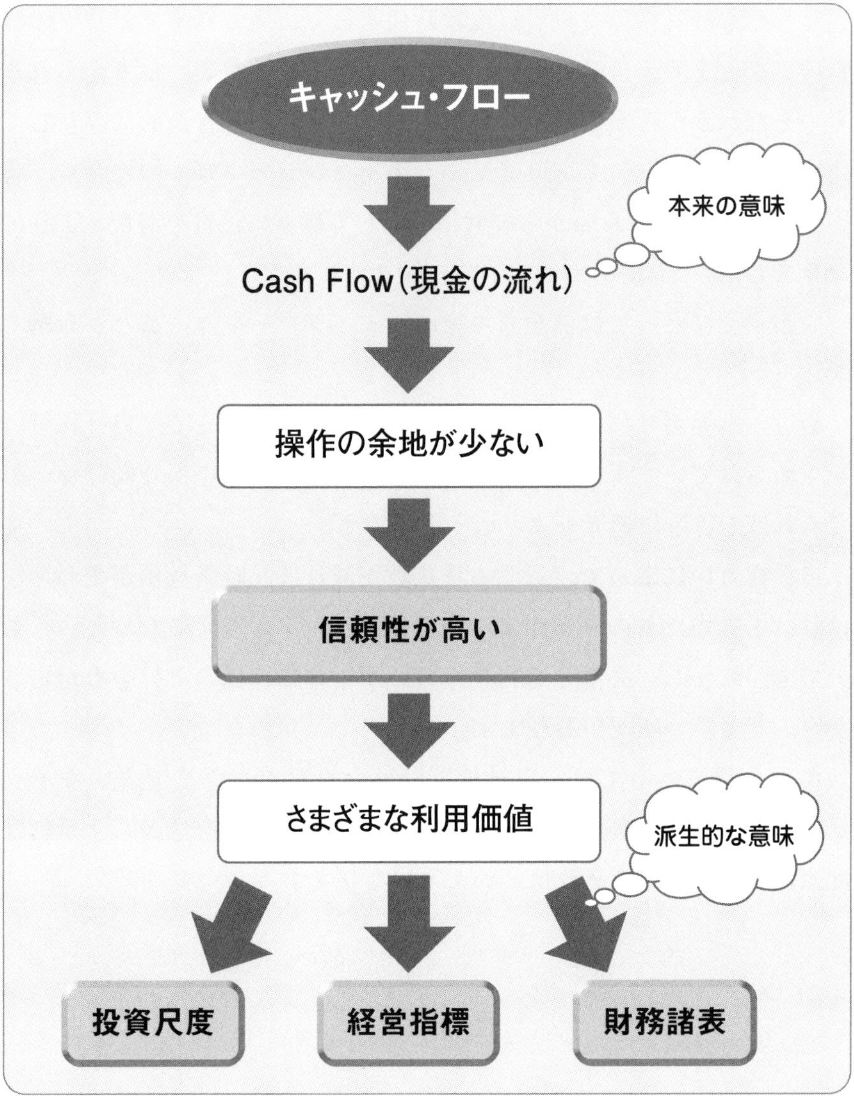

目的に応じて使い分けることも必要なのです。

そもそも経営指標や投資尺度は時代とともに変わります。時々の経営環境などを考え併せてその都度もっとも信頼性が高いと考えられるものをだれかが考案するのであって，太古の昔から普遍的に存在していたものなどひとつもありません。キャッシュ・フローの場合も，米国では1980年代ぐらいから経営指標として徐々に注目を浴びるようになりました。

中小企業にとっては健全なキャッシュ・フローを作ることが命綱です。

最近，上場会社には機関投資家から配当還元に加えて，自社株買いを求められています。これは企業が事業投資に資金を振り向けないのであれば，株主に還元せよという主張です。

自社株買いによって流通する株式数が減れば，時価総額が変わらなければ１株当たりの価値が上がって株主に対する還元になるというものです。しかし，必ずしも自社株買いが単純に株価の上昇をもたらさないことも多い状況があります。

中小企業にとっては，自社株買いは全く考慮しなくてよいキャッシュの使い方です。常に必要な投資資金と余裕資金を意識し，余剰は配当に回すことを考えればいいことになります。

なぜキャッシュ・フローがもてはやされるのか？

キャッシュ・フローが注目されてきた背景には，さまざまな要因があります。

バブル崩壊後からの長い景気停滞の時期に発生した金融機関の貸し渋り等により，資金繰りを重視しながら経営の舵取りを行わざるをえないという環境要因がまず挙げられます。収益性や資本効率もさることながら，資金がつまってしまったのでは話にならないということです。“勘定あって銭足らず”を避けるという「企業経営における基本」です。

経営指標としても注目されています。この面がキャッシュ・フロー経営信奉の原動力にもなっているようです。この場合のキャッシュ・フローの使われ方は「企業が生み出すキャッシュの量」といったイメージです。従来のように「企業が生み出した利益の大きさ」だけで企業価値を測定するのでなく，「企業が生み出したキャッシュの大きさ」にも配慮しながら企業価値を測定する考え方です。

つまり，この場合のキャッシュ・フローは，どちらかというとフレッシュ・マネー「新たなお金（を生み出す力）」という感じの使われ方です。投資家など企業の外部者が「利益の増加」よりも「資金の増加」を投資判断の材料として重視するわけです。一方，市場経済の中で「投資家が重視する材料に配慮せざるをえない」経営者など企業の内部者には，必然的に「利益の増加」よりも「資金の増加」を意識するとい

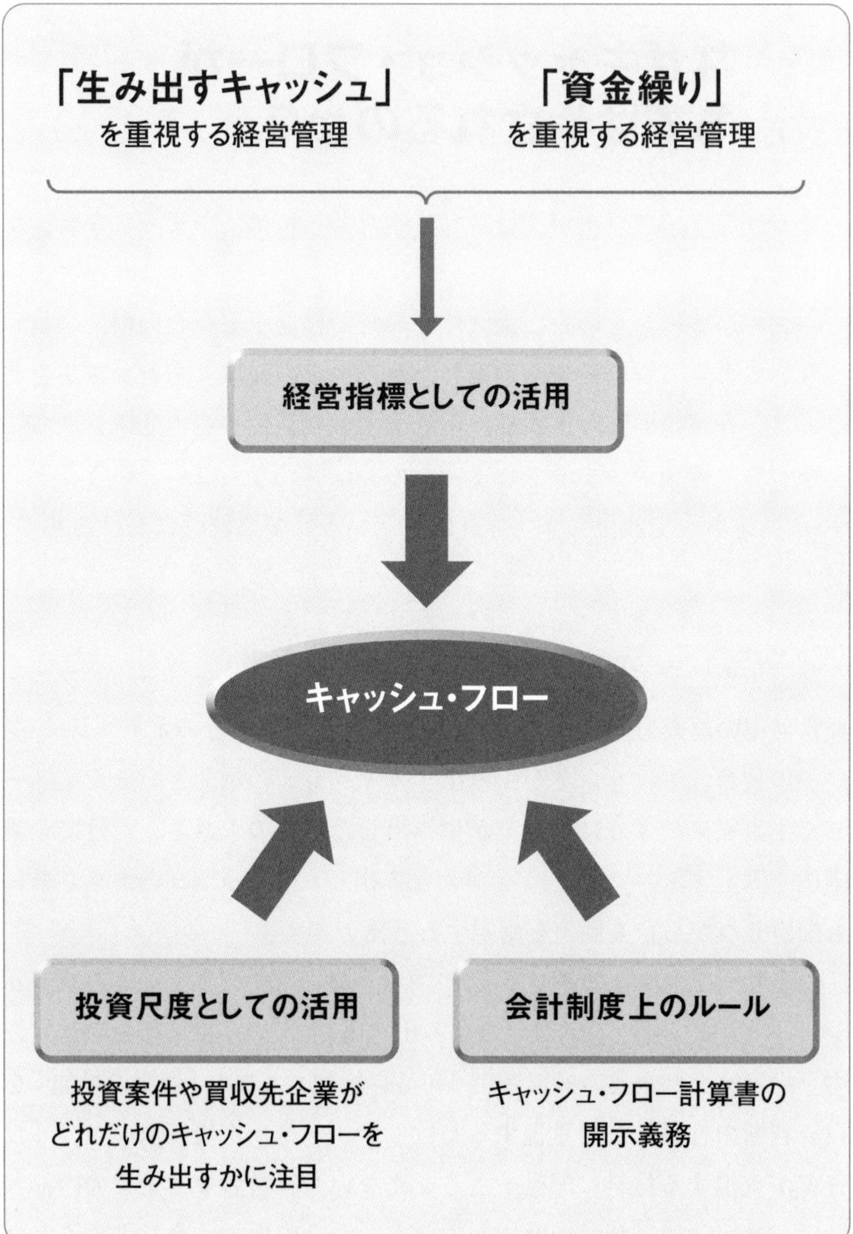
「生み出すキャッシュ」
を重視する経営管理
「資金繰り」
を重視する経営管理
経営指標としての活用
キャッシュ・フロー
投資尺度としての活用
会計制度上のルール
投資案件や買収先企業が
どれだけのキャッシュ・フローを
生み出すかに注目
キャッシュ・フロー計算書の
開示義務

う動機が生まれます。

投資尺度としても活躍しています。

企業経営の良否は，つまるところ調達した資本の「運用の良否」に他なりません。「投資の良否」と言い換えてもいいでしょう。調達してきた資本をどう運用するか，つまり何に投資するかで企業のバランスシートに違いが生まれ，損益計算書に違いが生まれるのです。

したがって，経営指標として「生み出した利益の大きさ」よりも「生み出したキャッシュの大きさ」が重視されるようになれば，調達資本の「運用の良否」を判断する投資尺度も「生み出した利益の大きさ」でなく「生み出したキャッシュの大きさ」が重視されて当然です。

この傾向は，日本でも最近加速的に増えてきた企業買収（投資の一形態）などにおいて顕著です。買収の対象となる企業が将来にわたって「どれだけの利益を生むか」の検証もさることながら，「どれだけのキャッシュを生むか」の検証を重視するようになっているのです。

キャッシュ・フロー計算書の存在も，キャッシュ・フローへの注目度アップに一役買っています。

日本では1990年代の会計制度改革（会計ビッグバン）により，1999年４月に始まる年度からキャッシュ・フロー計算書が採用されました。貸借対照表や損益計算書と同列の正式な財務諸表で，公認会計士の監査対象にもなっています。制度上は金融商品取引法の規制を受ける会社だけに適用されるのですが，中小企業でも融資を受けるさいなどに任意で作成する機会はあります。キャッシュ・フロー計算書をあえて作成する中小企業が金融機関の信頼を高めることは間違いありません。

実はもっともシンプルな考え方

「キャッシュ・フロー」などと英語の呼称を与えられているせいか，キャッシュ・フローが何かとても複雑な代物であるかのように思っている人を時折見かけます。

が，実のところ**キャッシュ・フローの原理はとても単純**です。というよりも，現金の出入りを基本にものを考えれば複雑になりようがありません。

利益の場合，簿記や会計基準など，ある程度の基礎知識がないと計算できませんが，キャッシュ・フローの場合，こうした知識は不要です。本書の後半で取り上げるキャッシュ・フロー計算書の間接法など，例外的に会計の知識が必要なケースもなくはありません。しかし，これとても，もともと利益計算をして積み上げた最終利益から逆算する形をとっているために会計の知識が必要なのであり，キャッシュ・フローの計算に会計知識が必要というわけではないのです。

利益からキャッシュ・フローを逆算する場合も同様です。もともと会社のお金は出ていくものと入ってくるものしかありません。収益と費用の期間対応をさせるさい，一部の費用を資産計上したり前受けした代金を負債計上したりして利益を計算するため，キャッシュ・フローを算出するさい，会計処理を逆側から紐解くような作業が必要になるだけのことです。

資金繰り表も同じです。お金の出入りがあった時にその額を単純に対応させるだけのことであり，基本的には会計知識を必要としません。

キャッシュ・フロー計算書でも直接法の場合には，お金の出入りを単純に対応させるだけのことです。一見難しい構造に見えますが，収支の意味をよりわかりやすくするためキャッシュ・フローを大きく三つに区分して表示しているにすぎません。

このように，キャッシュ・フローの本質は極めて単純明快です。難しく考えず，小説でも読むような軽い気持ちで本書を読み進んでみてください。

利益計算との違いを理解する

ここで利益計算との違いを確認してみましょう。いくら口で「利益計算と違う」「シンプルでわかりやすい」と言っても，それを実感するのは難しいでしょうから……。「百聞は一見にしかず」です。

ここでは，利益の増え方とキャッシュの増え方が異なる代表的な二つのケースを取り上げます。どちらも**利益計算独特のルールがもたらす違い**です。ただし，**「単なる取り決めによる違い」**と**「代金回収のタイミングによる違い」**という点が異なります。

まず最初に「単なる取り決めによる違い」の例についてです。

タマゴ社

売上高	100
売上原価	40
人件費	20
水道光熱費	10
営業利益	30

ヒヨコ社

売上高	100
売上原価	40
人件費	20
減価償却費	***10***
営業利益	30

この分だけ手元に
多く現金が
残っている

前頁図にあるタマゴ社とヒヨコ社はいずれも30の利益を計上していますが，手元に残っている現金はヒヨコ社の方が10多くなっています。その理由はどこにあるでしょう？（在庫など他の条件をまったく同じと仮定します）。

ヒントは字体の変わっている部分にあります。

つまり，減価償却費という特殊な費用項目にその答が隠されているのです。減価償却費は利益計算上は費用としてマイナスされますが，実際には現金の払い出しを伴いません。工場の機械などを購入したさい，その購入代金をすべて購入した会計年度の費用とせず，その機械が経済的便益をもたらす全会計期間に費用を按分するのが減価償却費です。当該資産がもたらす経済的便益と費用を期間対応させようというわけです。利益計算には利益を増やす要素（収益）と利益を増やすために犠牲になる要素（費用）を期間対応させるという大原則があるため，こうした特殊な操作をするのです。

したがって，**「キャッシュ」は機械を購入した会計年度に手元からなくなりますが，利益計算上の「費用」としては一部分しか購入年度に計上されません。結果として，各会計年度の「利益の増加」と「キャッシュの増加」の間にギャップが生まれます**。これが「単なる取り決めによる違い」です。

このケースで言えば，利益計算に減価償却費を10含んでいる分だけ，ヒヨコ社の方が手元に残るキャッシュが多くなるわけです。

次に，「現金回収のタイミング（のズレ）による違い」についてです。先ほどと同じケースで考えてみましょう。今回も在庫その他の条件はまったく同じだとして，両社の売上代金の回収のタイミングだけが違ったとします。結果として，10 多く現金が残っていたはずのヒヨコ社の手元に，逆に 10 少ない現金しか残っていません。この違いはどこから生まれるのでしょう。

図に表して考えて見ましょう。たとえば次のようなケースが考えられます。

タマゴ社

（売上高	100）
うち当期回収額	100
営業支出	
商品代金	50
人件費	20
水道光熱費	10
手元現金	20

ヒヨコ社

（売上高	100）
うち当期回収額	80
営業支出	
商品代金	50
人件費	20
（*現金に影響しない減価償却費*	*10*）
手元現金	10

売上代金の回収が
少ない分だけ手元の
現金が少なく残る

注：（　）内の数字は手元現金の計算に含めていません。

タマゴ社の方は当期の売上高 100 全額を現金で回収していますが，ヒヨコ社の方は 80 しか回収できていません。残りは売掛金として残ってしまったのです。結果として，減価償却費 10 の分だけ現金による支出が少ないにもかかわらず，ヒヨコ社の方が手元の現金は減ってしまったわけです。このように売上とその代金回収のタイミング，あるいは費用とその代金支払いのタイミングのズレなどにより，利益の増え方とキャッシュの増え方が等しくならない場合があります。

逆に言えば，キャッシュの動きはそれだけ単純だということです。「当期に回収したものと支払ったものの差額だけが手元に残る」という当たり前の事実でしかないからです。

参考までに，商品代金の支払い額と売上原価および商品在庫の関係は，たとえば次のようになっているはずです（期首在庫の額によりさまざまなケースが考えられます。また，ここでは当期に仕入れた商品の代金を全額当期中に支払った場合を想定しています）。

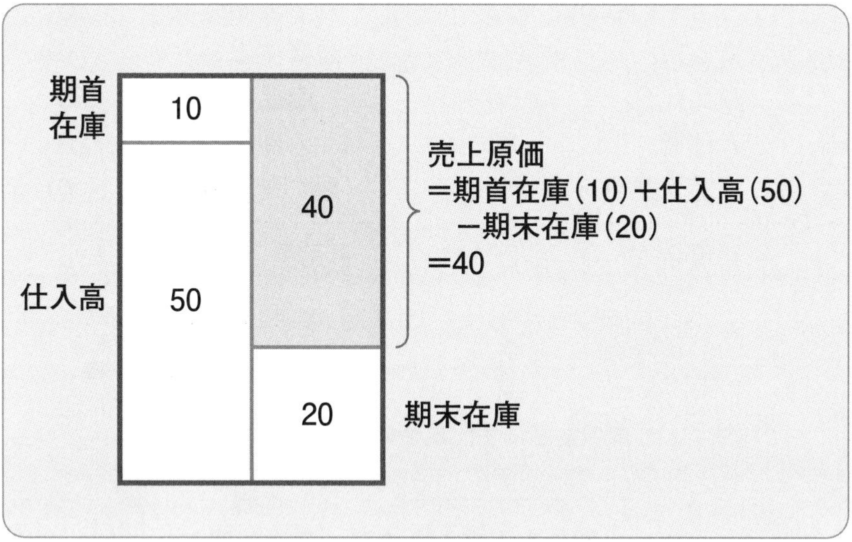

身の丈に合った活用を考える

何事にも「身の丈」というものがあります。

いくらキャッシュ・フロー重視といっても，ニューヨークで株式を上場しているような国際企業と家族経営の零細企業とではその活用方法も自ずと異なります。自分の会社にあった利用の仕方を考えねばなりません。

キャッシュ・フローを重視するあまり，売掛金の回収（キャッシュ・フローを増やす効果あり）に血眼になり，商品在庫を極限まで圧縮（キャッシュ・フローを増やす効果あり）したものの，売上が大きく減少（キャッシュ・フローを減らす効果あり）し，結果的にキャッシュ・フローは大きく減り，あげくの果てに銀行から融資をストップされて資金繰りが破綻した，というのでは何をしていたのかわかりません。キャッシュ・フローを重視した経営に移行したつもりが，逆にキャッシュ・フローを破綻させる結果になってしまうからです。

会社の規模，財務基盤，業績，業容，業態など，おかれた状況によって，その活かし方は異なります。流行《はやり》の経営理論に惑わされることなく，自分の会社にもっとも合った利用方法を考えたいものです。

資金繰りにおけるキャッシュ・フロー

一般の人にはもっとも馴染みのあるキャッシュ・フローとの接点です。金融システムの危機もあって，最近は金融機関の融資姿勢に変化が生じているため，特に神経質にならざるをえない場面も増えています。

「勘定あって銭足らず」ではありませんが，損益計算上どんなに利益が出ていても，資金繰りがついていかなければ経営は成り立ちません。また，ベンチャー企業でよくあるように，素晴らしいビジネスのアイディアをもっていても，それがビジネスとして開花する前に資金が尽きてしまえば万事休すです。

特に研究開発型のベンチャー企業では，資金繰りが軌道に乗るまでに長い期間を要するケースも少なくありません。研究開発活動を成功させるには，起業の段階から資金繰り計画をしっかり立てておくことが必要です。

ある意味ではキャッシュ・フローのもっとも原始的な側面ですが，企業経営を円滑に進めるうえではもっとも重要な面であるとも言えます。いかなる時点においても資金ショートをさせないようキャッシュの出入りとキャッシュの残高を予測し，最適の資金調達を準備しておく必要があります。したがって，本書では比較的多くの頁をその解説に割いています。

外部から資金調達をするさいの留意点についても簡単にまとめておきました。「キャッシュ・フロー経営」などと大上段に振りかぶったところで，所詮多くの企業にとっては当面の資金繰りを支障なく行うことが最大の課題であるのも事実だからです。

お金の流れは嘘をつかないからこそ重宝がられる

そもそもキャッシュ・フローが重宝がられるのは，「嘘をつかない」からです。「利益は見解，キャッシュは事実」という言葉があるように，**利益は会計基準の選択等によりある程度操作可能ですが，キャッシュは操作がききません**。だからこそ信頼されるのです。

利益を操作する余地はいろいろなところにありますが，ここでは期末在庫の評価方法によるケースを取り上げて，キャッシュ・フローとの違いを考えてみます。

20 頁の図はタマゴ社の売上原価構造を示しています。一番上が期末在庫をありのままに評価した場合です。期首在庫（20）に当期中の仕入高（40）を合わせた総商品高（60）から，期末在庫（20）を差し引いた売上原価は 40 です。

真ん中のケースが期末在庫の評価を甘くした場合です。利益が思うように出なくて苦労している場合などに苦肉の策として，実際には商品価値のないものを良品として評価し，期末在庫を多く表示するケースです。結果として，総商品高（60）から差し引く期末在庫（30）が増えるため，売上原価が小さく（30）表示されます。つまり，売上総利益が実態よりも大きく表示されるわけです。

一番下のケースは，逆に期末在庫の評価を厳しくした場合です。利益が出過ぎた場合などに税金対策として，まだ商品価値のある商品を不良品として評価を落とし，期末在庫を少なく表示するケースです。結果として，総商品高（60）から差し引く期末在庫（10）が減るため，売上原価が大きく（50）表示されます。つまり，売上総利益が実態よりも小さく表示されるわけです。

一方，キャッシュの社外流出額はいずれの場合も同じ（買掛金の効果を無視し，当期中に仕入れた商品代金を当期中に払っていれば，いずれも 40）です。

普通に評価した場合

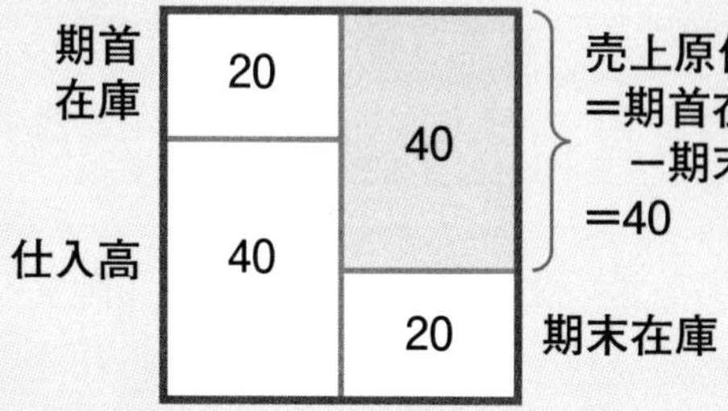

売上原価
＝期首在庫(20)＋仕入高(40)
－期末在庫(20)
＝40

評価を甘くした場合

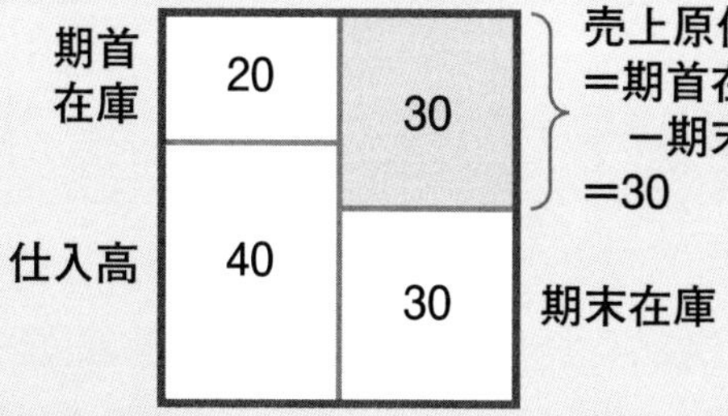

売上原価
＝期首在庫(20)＋仕入高(40)
－期末在庫(30)
＝30

評価を厳しくした場合

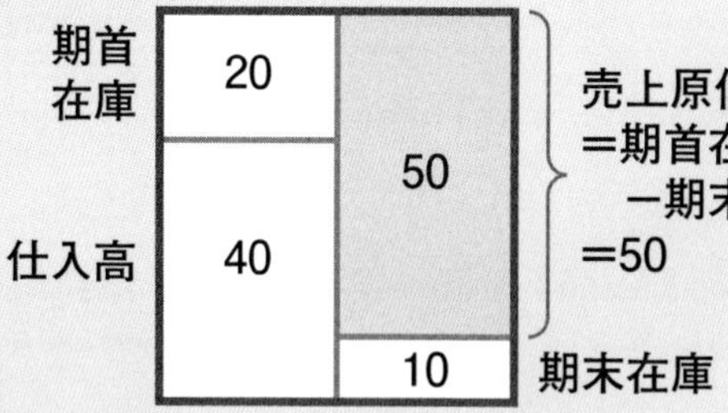

売上原価
＝期首在庫(20)＋仕入高(40)
－期末在庫(10)
＝50

キャッシュアウト(資金流出)額

当期の仕入代金をすべて当期中に支払っていたとすれば，キャッシュアウト額はいずれのケースでも40となる。当期の仕入代金のうち30だけを当期中に支払っていたとすれば（10を買掛金で残したとすれば)，キャッシュアウト額はいずれのケースでも30となる。

経営指標としてのキャッシュ・フロー

「嘘をつかない。だから信頼できる。」というキャッシュ・フローの性格は，そのままキャッシュ・フローが経営指標として利用価値の高いことを意味します。キャッシュ・フロー経営がもてはやされていますが，背景にはこうしたキャッシュ・フローの信頼性の高さがあるのです。

外部の投資家にしてみれば，**「どれだけ多くの利益を生み出したか」だけでなく，「どれだけ多くのキャッシュを生み出したか」も併せて検証**した方が，騙されるリスクが小さくなるということです。

内部の経営者にとっても効用は同じです。経営の舵取りにあたって「どれだけ多くの利益を生み出したか」だけでなく，「どれだけ多くのキャッシュを生み出したか」も併せて検証した方が，方向を誤るリスクが小さくなるわけです。

さらには，海外からの投資が増える中，海外投資家が重視してきた経営指標としてのキャッシュ・フローの役割がますます高まってきたという事情もあります。

ただし忘れてはならないのは，**キャッシュ・フローだけを見ていればすべてが解決するわけではない**ことです。企業の価値を測るモノサシは時代とともに変わります。米国では，キャッシュ・フローに資本コストを加味させたEVA（*注）に代表されるように，より改良されたモノサシが開発され脚光を浴びてきました。

企業の価値を測るモノサシがひとつではないことも頭に入れておかねばなりません。キャッシュ・フローをチェックしたら利益をチェックする必要がなくなるわけではありません。資本効率など他にもチェックしなくてはならない項目はたくさん存在します。常に多面的にチェックする必要があるのです。

当該企業の業態や規模，あるいは業種によってもモノサシは変わります。電力会社や石油化学会社など多額の固定資産が必要な業種と，人材派遣業やコンサルティング業など少額の固定資産投資で済む業種では，財政状態の判断基準が異なって当然です。あるいは小売業などのように日銭が入る業種と，建設業のように請負業務の完了に長い年月を要する業種では，資金状態の判断基準が違って当然です。

キャッシュ・フローが信頼性の高い経営指標のひとつであることに疑いはありませんが，それを唯一絶対の指標のように考えるのも正しくありません。

（注） Stern Stewart 社が開発した Economic Value Added（経済的付加価値）のこと。類似の尺度も多い。

お金の価値は時間の経過とともに変化する

お金の価値は時間の経過とともに変化します。

つまり，今日の100万円と２年後の100万円は価値が異なるのです。これは，ご自分の経験からもおわかりいただけるでしょう。

仮に金利が10%（最近では夢のような話ですが）だったとして，銀行に100万円を預金すると２年後には121万円になります。１年後に10%の金利に相当する10万円が加わって110万円になると，２年目からは加わった10万円にも利子がつくため２年後には121万円に増えるのです。

したがって，もし「今100万円を受け取るか，２年後に100万円を受け取るか」と聞かれれば，誰でも今受け取ると答えるでしょう。２年間100万円を運用するチャンスが得られるからです。先の例であれば，そのまま銀行に預けておくだけで手元の100万円が２年後には121万円に増えています（競馬や競輪など極端にハイリスク・ハイリターンの運用をすれば違う結果になることもありえますが，ここでは考えません）。

これは，お金が時間の経過とともに変化することを意味します。つまり，**今の100万円と２年後の100万円は時間の経過分だけ価値が異なる**ということです。

お金の価値はどう変化するか?

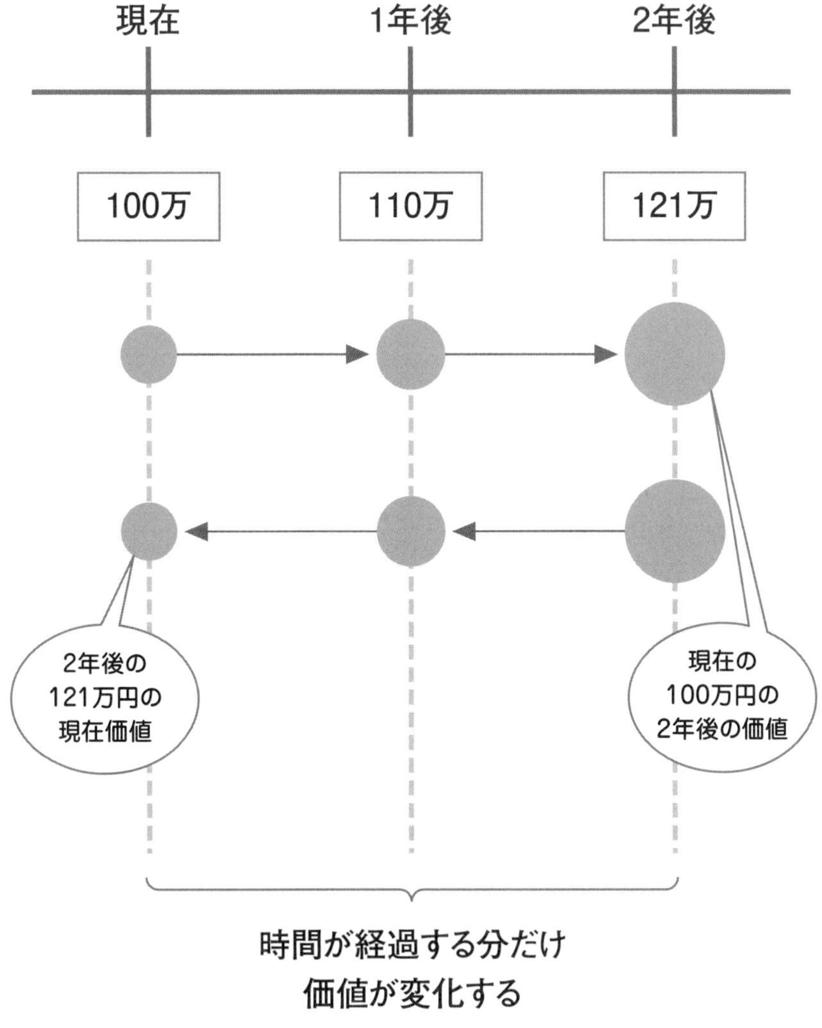

資金の流れを説明するものとして，これまでも資金収支表が財務諸表の補足資料として公表されてきましたが，これはキャッシュ・フロー計算書と似て非なるものです。正式な財務諸表ではないため監査の対象にもなっていませんでした。

日本では上場企業など資本市場から資金調達している企業を中心に，2000年３月期からキャッシュ・フロー計算書が正式な財務諸表としてその作成が義務づけられました。非公開企業の場合，関係ないように見えますが，資金調達のさい金融機関に任意で提出するといったケースもありえます。私が金融機関の立場であればキャッシュ・フロー計算書を必ず求めます。それによってキャッシュ・フローと損益計算の関係や，損益計算に対する会社の考え方がわかるからです。したがって，その基本的内容は理解しておきたいものです。

最後に，「お題目」だけに終わらせないための留意点をまとめておきました。いくらキャッシュ・フローについて知識を増やしても，それを実際の経営活動に活かさなければ意味がないからです。

第2章

資金繰りにおける
キャッシュ・フロー

なぜ資金繰りが大切か？

なぜ資金繰りが大切か？

資金繰りがつかなくなると会社は倒産してしまうからです。単純な話です。「資金繰りがつかない」とは，約束の期日に支払いができないことを意味します。典型的な例は，振り出した手形の代金を支払期日に用意できないようなケース（いわゆる「不渡り」）です。日本の法律では，振り出した手形が２回不渡りになると，銀行取引が停止になり事実上会社は倒産してしまいます。

振り出した手形が不渡りになる前に，自ら降参することもあります。約束の期日に必要な資金を用意できる目《め》処《ど》がたたないため，約束の期日の前に会社更生法や民事再生法を申請したり，自己破産を申請したりするケースです。

逆に，事実上「資金繰りがついていない」にもかかわらず，倒産せずに生き長らえている会社もないわけではありません。手形を振り出していない会社などに時々あるケースです。不良債権問題でしばしば話題に上る不動産会社などの中には，多額の借金を抱え事実上倒産状態にあっても，支払いに手形を振り出していないため，生き長らえている（金融機関が処理に手を焼いている）会社も少なくありません。しかしながら，これは例外的なケースであり，通常は資金繰りに支障が出れば会社は立ちゆかなくなります。

特に，昨今のように経営環境の変化が激しいうえ，金融機関の融資姿勢が厳しくなっている中にあっては，資金管理能力が重みを増しています。数ヶ月先，場合によっては１年以上先の資金事情を見通し，円滑な資金管理を行うため必要な手だてを早め早めに講じなくてはならないからです。

事業計画（ビジネスプラン）の是非を検討するうえでも，資金繰りは重要です。どんな事業計画でも資金収支を時間軸に照らして検証しなくては，その是非や良否を判断できません。一見立派に見える計画でも，軌道に乗るまでに資金が枯渇してしまえば元も子もありません。また，研究開発費や広告宣伝費など先行投資的な費用をどの範囲に押さえれば，手元の資金を逼迫《ひっぱく》させずに事業を軌道に乗せられるかといったことの判断にも資金繰り計画は不可欠です。

自分の頭の中を整理するうえでも有用です。

自分の立てた事業計画を資金繰り計画に落とし込む作業を通じて，個々のプロジェクトが会社の資金に与える影響を整理できるため，計画の「流れ」が見えやすくなります。結果として，より適切な意思決定が可能になることも少なくありません。大きな流れをつかむことで，流れの過程にある節目節目の個別事象の判断が容易になるからです。

いずれにしても，会社の舵取りを上手に行ううえで資金繰り作業は欠かせません。どんなに良い商売の種があっても，資金繰りが的確になされなければ成功はおぼつかないからです。

資金繰りは目的ではない

資金繰りはとても重要ですが目的ではありません。

あくまでも会社の舵取りをうまく行うための手段にすぎません。**最初に資金繰りがあるのでなく，まず最初に商売のネタ（ビジネスのアイディア）があり，それをプランとしてまとめた事業計画がある**のです。その事業計画を遅滞なく実行するうえで資金繰りが必要になるわけです。

事業計画を実行するさい必要となる資金の額や，必要となるタイミングなどを的確に見通し，早め早めに手が打てるよう活用するのです。あくまでも**事業計画の実現が目的なのであって，資金繰りが目的ではありません**。当たり前のことですが，この主従関係を間違ってはなりません。

逆に言えば，資金繰りを円滑に行うためには事業計画がしっかりしていなくては話になりません。市場動向や競争要件など事業計画の前提となる部分の精査が甘ければ，資金繰り計画も甘くならざるをえないからです。

特に,売上計画は重要です。費用は自分の意思である程度コントロール可能ですが，売上には常に相手がいます。したがって，いつも自分の思うようにならないのが売上です。

「それじゃ計画にならないじゃないか！」と思う方もいるでしょう。が，方法はあります。事業計画の作り方を工夫すればよいのです。上方向にぶれることはあっても，下方向にはぶれることのないよう売上計画の中身を筋肉質にしておくのです。

こうすることで資金が足りなくなるリスクは小さくなります。売上が上方向にぶれた場合には，計画より資金事情が改善するだけのことであり心配には及びません。お金が予定より多く余る分には困らないからです。

ポイントを押さえればそんなに難しくない

「資金繰り」と聞いただけで構えてしまう人を見かけることがあります。何か，とても難しい作業をイメージしているようです。しかし，決して難しい作業ではありません。肩の力を抜いて気楽な気持ちで取り組みたいものです。

むしろ利益計算の方が，期間対応や発生主義など人為的な操作が入り込む分だけ複雑です。計算のルールをしっかり理解していなければ正しい結果が得られません。一方，資金繰り作業はとてもシンプルです。お金の出と入りを，それぞれが起きるタイミングで単純に対応させるだけのことですから……。

自分自身の資金繰りを思い起こせばよいのです。

「資金繰りなど心配したこともない」という恵まれた方も中にはいるかもしれませんが，毎月のように頭を悩ませている人も少なくないはずです。給料日から次の給料日までのお金のやりくりです。

いつ給料が口座に振り込まれて，いつ水道料金と電気代が引き落とされて，いつ電話料金が引き落とされて，いつ新聞料金の集金が来る，といったことです。資金繰り表を作らないまでも，頭の中では常に資金繰りに追われている人もいるのではないでしょうか。

会社の資金繰りも基本はまったく同じです。

収入がいつ，だれから，いくらあり，支出はいつ，だれに，いくら払わなくてはならないかをできるだけ正確につかんで，時系列に整理するだけのことです。もっとも，従業員が１万人を超えるような大企業になれば，これだけの作業でもそんな簡単ではありませんが……。

最初から精緻な資金繰り表を作る必要もありません。

どんな作業にもいえることですが，最初から完全なものを作ろうとすると手が動かなくなってしまいます。**まずは，収入と支出の額を漏れなくつかみ，入金と支払いのタイミングをできるだけ正確につかむのが第一歩**です。これさえきちんとつかめていれば，資金繰りに大きな狂いは生じません。

逆に，どんなに美しく精緻な資金繰り表を作っても，収入や支出の確認に漏れがあったり額に誤りがあったりすれば，資金繰りに重大な支障を来します。

最初の段階でもっとも大切なのは必要な基本情報を漏れなく押さえることであって，フォーマットの美しさではありません。もちろん美しいフォーマットが作れることに越したことはありませんが，優先順位を間違えてはいけません。フォーマットは，作業に慣れるに従って徐々に美しくしていけばよいのです。

まずは始めることから，…

あれこれ考えるより，まずやってみる

家族経営の延長のような零細企業や中小企業の中には，資金繰り表を作っていない会社も少なくありません。長く商売をやってきた経験から大づかみにした毎月の収入と支出，季節的な変動要因など，経営者の頭の中に資金繰り表ができているのです。表にしなくても，勘どころがしっかりしているため，日々の資金繰りに支障が生じないわけです。

こうした経営者は，目先の売上が落ち込むと当面の資金のやりくりにどんな影響が出るかを，過去の経験から知っています。危ない時は即座に勘が働いて急場をしのぐ知恵を身につけているのです。これはこれで悪いことではありません。規模が小さければこれで充分事足りる場合もあるでしょう。

特に零細企業の場合，日々の業務に追われて事務作業に充分時間が取れない場合も少なくありません。自分で営業回りをし，注文を受け，発注作業もこなし，商品の納品や代金回収もしていれば，無理からぬこととも言えます。

しかし，少し規模が大きくなるとそうもいきません。入金先が多岐にわたるだけでなく，そのタイミングもまちまちだからです。こうなると，予定通り入金があるかどうかの確認作業だけでもたいへんです。支出の方も同様です。支払先が多岐にわたるうえ，いったん納品した商品の返品や値引き処理の確認など，不規則な作業も多くなります。特に，昨今のように経営環境の変化が激しい時代には，売上高の思わぬ減少など不測の事態に対する充分な備えも必要です。

にもかかわらず，資金繰り表を作っていない企業の経営者に「作らない理由」を聞くと，「売上が計画通りいかないから作りようがない」とか，「直前まで受注額が確定しないから作りようがない」といった答えが返ってきます。

しかし，これはとんでもない考え違いです。**売上が計画通りいかないからこそ資金繰り表が必要**なのです。あるいは直前まで受注額が確定できないからこそ資金繰り表を作らなくてはならないのです。

だいたい，企業の規模がどんなに大きくなっても，売上高が常に計画通りいく会社なんてありません。**売上には常に相手があるため，一部の例外を除いて「予定通りいかないのが当たり前」**なのです。

一方，支出の方はかなりの精度で計画が立てられます。支出にも相手はありますが，お金を使う方は自分の意思で「ここまでしか使わない」と決めれば，コントロール可能だからです。

逆に，販売管理費の額がきちんとコントロールできないようでは経営者として失格です。「管理可能な範囲」を管理できていないことになるからです。

いずれにしても，あれこれ難しく考えないで「まず作ってみる」ことです。最初は原始的なフォーマットで構いません。自分が見やすい形で，収入と支出を時系列に対応させて差額がわかるようにしておけばいいのです。やりながら少しずつフォーマットを改善していくことはできます。**大切なのはまず「始めること」**です。

原始版から徐々に進化させる

たとえば，最初は次頁にあるような原始的な形で構いません。初めから一般の入門書に紹介されているような精緻なものを作ろうとすると，「時間ができたら……」などと思っているうちに結局手がつきません。

最初はまず，大きな収入と支出項目に分けて過去の実績を把握します。そのうえで，向こう数ヶ月の概算値を予想してみることから始めます。収入や支出の項目も当初は自分にとって馴染みのある名前で構いません。大切なのは，お金の出と入りを時系列に捉えることであり，流れをつかむことですから……。

この作業に慣れてきたら，損益計算書の勘定科目と見比べながら，自分がつけた名前の収入や費用項目がどれに相当するかを確認し，ひとつずつ置き換えていけばよいのです。

水道／ガス／電気代　→　水道光熱費
事務所の家賃　→　地代家賃
運送関係費用　→　荷造運搬費

といった具合です。

ただし，あまり急いでこの作業をする必要はありません。フォーマットを美しくすることは後でもよいのです。**まずは，作ってみること。そして，その作業を実際に繰り返しながら「資金繰り表に慣れる」こと。作業を継続すること**です。

	1月	2月	11月	12月	通期合計
前月からの繰越金					
収入					
現金売上					
売掛金の回収					
その他収入					
計					
支払					
給料					
賞与					
事務所の家賃					
販売手数料					
水道／ガス／電気代					
交通費					
広告／販売促進					
運送関係費用					
その他支出					
計					
翌月への繰越金					

注１　まずは「作る」こと，それを「続ける」ことに意義がある。
注２　そのうえで，自分が「流れ」を理解することが第一歩。
注３　最初は自分がわかる表現で収入と支出の内訳を書き込めばよい。
注４　大切なのはフォーマットの美しさより，情報の精度とスピード。
収入と支出に漏れがないか，金額に間違いはないか，出と入りのタイミングに誤りはないか。これらをできるだけ正確にスピーディにつかむことが重要。
注５　ここまでが遅滞なくできるようになったら，フォーマットを美しくすることを考える。

大きな「流れ」を理解する

資金繰り表を作る作業に少しずつ慣れてきた前提で次のステップに移ります。実際に「資金繰り表を作る」ことを始め，繰り返しながら作業に慣れ，作業を継続できるようになった前提です。

この段階で大切なのは**「流れをつかむ」**ことです。自分の会社のお金の流れを大づかみにすることです。「資金が当面足りるかどうか」の確認作業も大切ですが，これは資金繰り表を作る前から長年の経験である程度つかめているものです。でなければ，とっくに会社は潰れているはずだからです。

ところが，もう少し長い期間（たとえば１年間，あるいは半年間）に**会社の資金事情がどう変動するか，変動する傾向があるか**，といったことは頭に入っていない場合が多いのです。どんな会社でも，１年のうちで資金が不足気味になる時期や余り気味になる時期があるものです。

商品を仕入れて販売する卸売業であれば，扱っている商品によって，仕入れが集中する時期，代金の支払いが集中する時期が毎年同じような傾向を示すかもしれません。あるいは，商品の納入が集中する時期，代金を回収する時期が毎年同じような傾向を示す場合もあるでしょう。

一方，従業員の給料や家賃など１年を通じて平均的に発生する費用もあります。会社によっては，売上代金の回収も仕入代金の支払いも比較的平準的に発生するかもしれません。

いずれにしても大切なのは，**自分の会社に特有の資金の流れ，特徴を頭に入れる**ことです。それにより，資金の過不足に対する対策を早め早めに立てて実行できるからです。

特に，昨今のように金融機関の貸し出し姿勢が引き続き厳しい中にあっては，自分の会社の資金事情を早めに把握し，時間的余裕をもって取引金融機関に相談しなくては思うような資金調達は望めません。逆に，自社の事情を的確につかんで，それを秩序立てて説明できれば，お金を貸す側も安心感を抱きます。

金融機関の貸し渋りがしばしばマスコミの話題に上りますが，必ずしも金融機関の側に問題がある場合ばかりではありません。借りる側に大きな問題があるケースも少なくないのです。当面のお金が足りないから貸してほしい。しかし，その後はどうなるのか説明を求められると，きちんと答えられない。そんなことでは，貸す方も怖くてお金を貸せません。

銀行も預金者から預かったお金を貸しているにすぎないのです。自分たちの儲けもさることながら，いい加減な貸し出しを続けて潰れてしまえば，最終的にツケが回るのは預金者ということだってありえるのです。2005 年４月からはペイオフ（万一銀行が潰れた場合に，預金は全額保護から１千万円までしか保険でカバーされない）が実行されたため，預金者も銀行毎の残高に注意を払わなくてはならなくなりました。

マスコミの論調に乗って金融機関を恨んでみても何も始まりません。まずは，自分の会社の資金事情を正しく理解し，金融機関にわかりやすく説明し，理解を得ることです。そのためには，自分自身が自社のお金の大きな流れをつかむことが先決です。

計画と実績の乖離の原因を常に考える

資金繰り表を作って自社の資金の大きな流れをつかんだら，次は「**計画と実績の乖離の原因**」を考えます。

資金繰り表は作ったらおしまいでなく，計画通りいったか，あるいはいかなかったかの確認作業を常に繰り返さねばなりません。特に，**計画通りいかなかった時は，「なぜ計画通りいかなかったのか」の原因究明が大切です**。この確認を怠ったのでは，資金繰り表を作る意義が半減すると言っても過言ではありません。

この作業を繰り返すことには大きく二つの意義があります。

ひとつは，自分が作った計画の問題点の検証作業が，次回以降の資金繰り表の精度を上げるうえで役立つことです。失敗を次回以降の計画作りに活かすわけです。

もうひとつは，金融機関など外部に資金繰り表を提出している場合の意義です。外部に資金繰り表を出している場合，通常は計画の段階で相手に計画の前提を説明し計画の妥当性について合意を得ているはずです。計画の段階でそのとおりいく見込みが立たなければ，計画を作った意味がないからです。そのうえで資金調達の予定を立てたり，実行してもらっているのが普通です。

実際にすべて計画通りに事が運べば問題ありませんが，計画通りにいかないことも少なくありません。その場合，相手に対して即座に計画通り事が運ばなかった事実を伝えるのは無論のこと，「なぜ計画通りにいかなかったのか」をきちんと説明する必要があります。

「売上が予定通り計上できなかった」，あるいは「得意先が倒産して売掛金が予定通り回収できなかった」といった酌量の余地がある（ある面では「不可避の」）理由によるものなのか。「管理不行き届きで予定以上に費用を使ってしまった」「仕入代金の支払い額の計算を間違えていた」といった回避可能な理由だったのか。あるいは「単純に一部の数字を書き間違えていた」など事務的な理由によるものなのか。その理由によって相手の心証はまったく変わります。場合によっては，次回以降の与信行為に重大な影響を及ぼしかねません。

いずれにせよ，まずは自分自身が「計画と実績の乖離の理由」を正確に把握することです。そのためにも，計画を作ったら作りっぱなしにせず，常に実績との対比で検証を繰り返すことが重要になるのです。

計画と実績が乖離した原因を常に考える

大切なのは次の一手に活かすこと

資金繰りを支障なく行ううえで重要な点として，
「流れをつかむこと」
「計画と実績の乖離の原因をつかむこと」
の２点を指摘しました。その理由についてもいろいろ説明しましたが，最終的には**「次の一手に活かすため」**です。

本章の冒頭でも指摘したとおり，会社は資金繰りが破綻すれば倒産してしまいます。利益計算で赤字が記録されても会社はなくなりませんが，資金が詰まれば終わりです。

したがって，会社の資金事情を常に的確に把握し，早め早めに対策を講じなくてはなりません。資金の大きな「流れをつかむ」ことにより，資金が不足しがちな時期を予め押さえておく，あるいは資金が不足する予兆を早めにつかむ。計画と実績の間に乖離が生まれた場合には，即座にその「原因をつかむ」ことにより，それが一過性のものなのか，計画の立て方に問題があったのか，その後の計画を見直す必要はないのか，その後の計画にどういう影響を及ぼすのか，といったことを検証するのです。

金融機関など外部から資金調達の必要がある場合にはなおさらです。できるだけ早めに相談するのは無論のこと，自分自身が事態を正確に把握し，将来の見通しまで含めてきちんと説明できなければ外部の理解を得ることはできません。

つまり，**事態を的確に把握し対応策を即座に講じるためにこそ，これらの作業がある**のです。すべては「次の一手に活かすため」です。

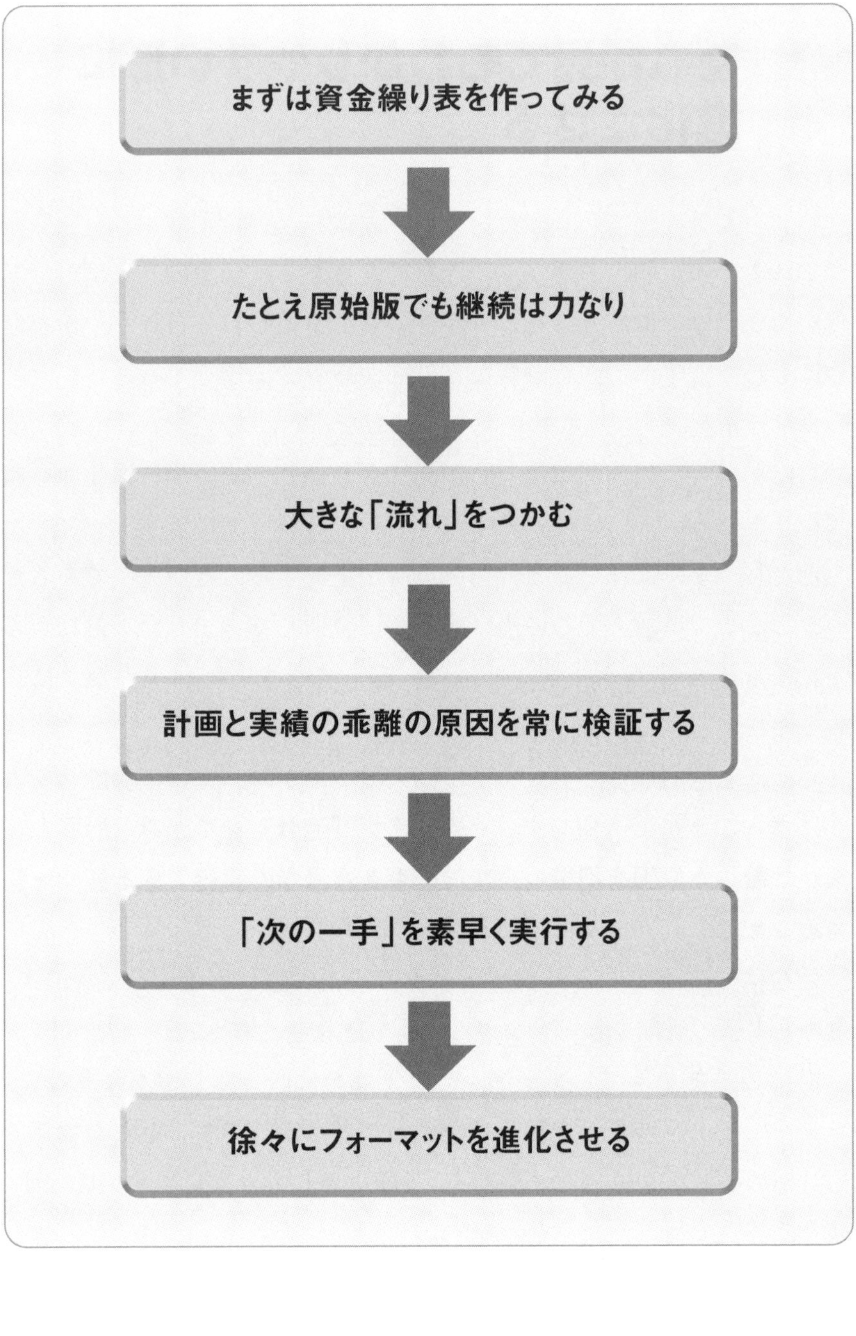
まずは資金繰り表を作ってみる
たとえ原始版でも継続は力なり
大きな「流れ」をつかむ
計画と実績の乖離の原因を常に検証する
「次の一手」を素早く実行する
徐々にフォーマットを進化させる

だれが見てもわかりやすい形に進化させる

いよいよフォーマットを美しくする話です。

これまでの説明でおわかりいただいたとおり，資金繰り表は自分だけが使うわけではありません。会社の資金事情を自分自身がつかむためにも必要ですが，銀行融資など外部から資金調達をするさいに会社の資金事情を説明するためのツールにもなるわけです。

したがって，最終的にはだれが見てもわかりやすい形に進化させねばなりません。

ただし，まずは作ること，自分自身が把握することが先決であるため，ここまでは敢えてこの点に触れずに説明してきました。最初から完全なものを作ろうとすると，つい構えてしまい結局手つかずに終わったりするからです。

たとえ原始的な形でも，まずは収入と支出が時系列に把握できるようにすることが第一歩です。そのうえで**「流れ」をつかみ，計画と実績が乖離した原因を把握し，次の一手を遅滞なく実行できる態勢を整える**ことです。

最初はここまでくるのが大変なのです。実際に資金繰り表を作り，計画と実績の乖離を検証しながら作業を継続させるところまでです。

逆にここまできてしまえば，この先はそれほど難しくありません。フォーマットに若干手を加えるだけのことだからです。**どんな物事でも「始める」のがもっとも難しく，「続ける」のが次に難しいの**です。残りは勢いで何とかなるものです。

			1月	2月	11月	12月	下半期計	通期
前月繰越金								
経常収支	収入	売掛金回収						
		その他収入						
		計						
	支出	買掛金支払						
		人件費						
		その他経費						
		利息						
		計						
	収入－支出							
資本収支	収入	貸付金返済						
		その他収入						
		計						
	支出	設備投資						
		その他支出						
		計						
	収入－支出							
金融収支	収入	短期借入金						
		長期借入金						
		計						
	支出	短期借入金						
		長期借入金						
		計						
	収入－支出							
翌月繰越金								

注1　三つに区分する意義を重視しているため，収入／支出の内訳は大きな項目にまとめてある。

注2　収入／支出の内訳は，企業ごとに工夫すればよい。個々の企業の業容や業種によって鍵を握る勘定科目は異なるため，収入や支出の中で金額的に大きなものは，「その他」に含めず独立して表示する必要あり。

注3　ただし，対外的な説明に使用する資金繰り表は，勘定科目が細かすぎると却って全体像が見えにくくなることもある点，留意する必要がある。

注4　社内管理用のフォーマットと社外説明用のフォーマット（詳細版と要約版）を２種類用意しておくのも一法である。

最終的には前頁にあるような一般的フォーマットに進化させます。ポイントは，資金の流れを三つに区分して表示することです。資金の性格により分類するのです。その理由は次章で詳しく説明します。ここでは「資金を三つに区分表示して見やすくする」ことが，フォーマットを進化させるうえでのポイントとなる点をまず覚えておいてください。

資金繰り表を改善する方法をみてきました。Excelなどの表計算ソフトを利用すれば，ここまでの一般的なフォーマットへの進化もたやすくできます。

第3章

キャッシュ・フローにも性格がある

なぜキャッシュ・フローを色分けするのか？

お金に色はついていません。

でも「色分け」します。「色分け」した方が便利だからです。

「色分け」というと語弊があるかもしれません。**出入りするお金の性格により「お金を区分する」**といった方が正確でしょう。区分することにより，**企業内部の人にとっても外部の人にとってもお金の流れが理解しやすくなる**のです。

資金繰り表を例にとって考えてみましょう。

資金繰り表の上では通常キャッシュ・フローを，**「経常収支」「資本収支」「金融収支」**という区分で表示します。それぞれ「損益計算に直接反映される経常的な資金の対応関係」「投資活動など損益計算には間接的にしか反映されない資金の対応関係」「借入金の調達や返済など財務的な活動における資金の対応関係」をまとめたものです。後で詳述しますが，それぞれキャッシュ・フローの性格が異なるのです。

キャッシュ・フロー計算書でも同じです。詳しくは第７章で取り上げますが，**「営業活動によるキャッシュ・フロー」「投資活動によるキャッシュ・フロー」「財務活動によるキャッシュ・フロー」**という具合に，キャッシュ・フローを区分して表示します。それぞれの中身は，資金繰り表の区分にあった「経常収支」「資本収支」「金融収支」に限りなく近い内容です。厳密には細かい部分で少しずつ異なります。

ただし，基本的な考え方はまったく同じです。**出入りのあったキャッ**

シュの性格によって区分表示することにより，企業の資金管理活動の中身を見えやすくするのです。

売上の中身を分析することを考えてみてください。

趨勢《すうせい》や構成要素の変化など売上の質的な部分を検証するさい，売上全体を眺めていたのでは何も見えてきません。商品別，あるいは地区別に区分して表示することで，初めて売上の質的な部分が見えてきます。どの商品の売上が全社的な売上増加に貢献したのか，あるいは足を引っ張ったのか。どの地域の売上が当期に大きな伸びを示したのか，あるいは伸び悩んでいるのか。こうした分析は，中身を区分して検証することで初めて可能なわけです。

キャッシュ・フローもまったく同じです。

キャッシュ・フローの性格ごとに区分して表示することで，全体として表示するだけではわからない点がいろいろ見えてくるのです。たかが「色分け」されど「色分け」というわけです。

常に三つの区分で考える

キャッシュ・フローの性格は大きく三つに分けられます。**①営業活動に関するキャッシュ・フロー，②投資活動に関するキャッシュ・フロー，③財務活動に関するキャッシュ・フロー**です。

営業活動に関するキャッシュ・フローとは，**通常の営業活動にかかわるキャッシュ・フローであり，「損益計算に直接反映される資金の対応関係」**です。商品の仕入れや販売にかかわる資金や，人件費や家賃など販売管理費に区分される資金などがその中心です。

投資活動に関するキャッシュ・フローとは，**設備投資を中心とする投資活動にかかわるキャッシュ・フローであり，「損益計算には間接的にしか反映されない資金の対応関係」**です。

財務活動に関するキャッシュ・フローとは，**借入金の調達や返済などを中心とする財務的な活動にかかわるキャッシュ・フローであり，やはり「損益計算には間接的にしか反映されない資金の対応関係」**です。

では，なぜこのように三つに区分するのか？

言うまでもありません。「分けた方が企業活動の本質がわかりやすい」からです。

先に説明したとおり，三つのキャッシュ・フローはそれぞれ性格が異なります。したがって，キャッシュ・フローの状態を検証するさいには，いったんキャッシュ・フローの性格ごとに区分して眺めた方がわかりやすいのです。

慣れるまでは若干わかりにくいと思いますが，大切な点なのでしっかり押さえておいてください。

キャッシュ・フローの三つの区分

営業活動に関するキャッシュ・フロー

- 本業でキャッシュをどう生み出しているか
- もっとも大切な基幹部分
- 資金繰り表の「経常収支」欄
- キャッシュ・フロー計算書の「営業活動によるキャッシュ・フロー」欄

↓

投資活動に関するキャッシュ・フロー

- 将来の成長のためにキャッシュをどう使っているか・捻出しているか
- 資金繰り表の「資本収支」欄
- キャッシュ・フロー計算書の「投資活動によるキャッシュ・フロー」欄

↓

財務活動に関するキャッシュ・フロー

- 本業を支える財務活動でキャッシュをどう使っているか・捻出しているか
- 資金繰り表の「金融収支」欄
- キャッシュ・フロー計算書の「財務活動によるキャッシュ・フロー」欄

資金繰り表における三つの区分

資金繰り表での区分も，前述した三つの区分が基本になります。

つまり，**①営業活動に関するキャッシュ・フロー**，**②投資活動に関するキャッシュ・フロー**，**③財務活動に関するキャッシュ・フロー**です。

ただし，資金繰り表のうえでは，それぞれ**①経常収支**，**②資本収支**，**③金融収支という呼称が一般的**です。呼称は違っても，それぞれが意味するところは変わりません。

経常収支は，商品売買や販売管理費など**通常の営業活動にかかわるキャッシュ・フローであり，「経常利益までの損益計算に直接反映される資金の対応関係」**です。

資本収支は，**設備投資や子会社への仮払いなど主にバランスシートの増減にかかわるキャッシュ・フローであり，「損益計算には間接的にしか反映されない資金の対応関係」**です。

金融収支は，**借入金の調達や返済など財務活動にかかわるキャッシュ・フローであり，やはり「損益計算には間接的にしか反映されない資金の対応関係」**です。

三つに区分する理由も先に説明したのとまったく同じです。

「区分することによって会社の資金構造を見えやすくする」のです。

①本業での資金循環を確認し，②将来の成長のための投資にどう資金を回しているのか，③資金の過不足があった場合，財務的にそれをどう補っているのかといった具合に，段階を追って資金状態の検証ができるわけです。

			1月	2月	11月	12月	下半期計	通期
前月繰越金								
経常収支	収入	売掛金回収						
		その他収入						
		計						
	支出	買掛金支払						
		人件費						
		その他経費						
		利息						
		計						
	収入－支出							
資本収支	収入	貸付金返済						
		その他収入						
		計						
	支出	設備投資						
		その他支出						
		計						
	収入－支出							
金融収支	収入	短期借入金						
		長期借入金						
		計						
	支出	短期借入金						
		長期借入金						
		計						
	収入－支出							
翌月繰越金								

注１　三つに区分する意義を重視しているため，収入／支出の内訳は大きな項目にまとめてある。

注２　収入／支出の内訳は，企業ごとに工夫すればよい。個々の企業の業容や業種によって鍵を握る勘定科目は異なるため，収入や支出の中で金額的に大きなものは，「その他」に含めず独立して表示する必要あり。

注３　ただし，対外的な説明に使用する資金繰り表は，勘定科目が細かすぎると却って全体像が見えにくくなることもある点，留意する必要がある。

注４　社内管理用のフォーマットと社外説明用のフォーマット（詳細版と要約版）を２種類用意しておくのも一法である。

損益計算とどう繋がるのか？

キャッシュ・フローを区分する意義を別の角度から考えてみます。**損益計算との関連を理解することで，「営業活動に関するキャッシュ・フロー」を区分する意義がより明確になる**からです。

三つに区分するキャッシュ・フローの中でも，もっとも大切なのは「営業活動に関するキャッシュ・フロー」です。本業における資金循環を示すからです。いわば大動脈であり，この「血のめぐり」が悪ければ企業は長らえることができません。

ここでは資金繰り表の「経常収支」との関係で説明します。管理的な意味で損益計算とのもっとも身近な接点は多くの企業において資金繰り表だと思います。

次頁の図表をご覧ください。

資金繰り表の「経常収支欄」と損益計算書の「経常利益までの部」が対応する関係になっています。つまり，**経常的な基幹活動を現金ベースで捉えたのが資金繰り表の経常収支であり，発生ベースで捉えたのが損益計算書の経常利益**であると言えます。

したがって，**両者の主たる違いは，単純な現金の収支関係を利益計算独特のルール（会計基準）によって「発生主義」に焼き直すさい生まれる**ことになります。損益計算において，たとえ代金回収前であっても商品の引き渡しをした段階で売上高を計上したり，実際に現金の支払いがなくても減価償却費という費用を計上したりすることによって，もたらされるのです。

しかし見方を変えると，**そうした要因を取り除きさえすれば経常収**

支と経常利益は限りなく近い値になるはずです。

経常収支と経常利益の対応関係

資金繰り表			通期
（経常収支のみ）			
経常収支	収入	売掛金回収	
		その他収入	
		計	
	支出	買掛金支払	
		人件費	
		その他経費	
		利息	
		計	
収入ー支出			

損益計算書	通期
（経常利益まで）	
商品売上高	
その他売上高	
売上高（合計）	
売上原価	
売上総利益	
販売管理費	
営業利益	
営業外収支	
経常利益	

会社の経常的な
基幹活動を
現金ベースで
捉えたもの

減価償却費など
非資金費用も含む

会社の経常的な
基幹活動を
発生ベースで
捉えたもの

非資金費用や資産や負債計上される項目を
調整すれば近似値になるはず

死後事務委任契約の実務〔第2版〕

ー士業のための「おひとりさま終活業務」の手引きー

依頼者からのヒアリング、契約書作成の方法から、遺言執行時の留意点まで、実際の業務経験に基づいて、丁寧に解説。

吉村 信一 著　6751-9 2020/10発売 A5判並製 260頁 2,640円

行政書士合格者のための　実務直結シリーズ・プレBook

開業準備実践講座〔第3版〕

開業20年の行政書士がすべって転びながら培った「失敗」しないための心得と技を惜しみなく開示した好評書の第3版！

竹内　豊 著　6744-1 2020/9発売 A5判並製 336頁 3,080円

事業承継支援マニュアル

事業承継を実践的に研究する大学教員と中小企業診断士が事業承継の課題を整理し、事業承継を支援する人材に向けた支援マニュアル。

玄場 公規・山田 直樹・栗原 浩一・内田　聡 著

6718-2　2020/8発売　A5判並製 172頁 2,640円

試験合格後の仕事を支える

キャリアコンサルタントのための労働法と社会保障のしくみ

非正規雇用、がんや精神疾患の治療中、性的マイノリティ等、様々な相談に必要な法的知識をケース毎にまとめた、実務に使える一冊。

石井 清香 著　6709-0　2020/9発売　A5判並製 248頁 2,970円

社労士が書いた

介護「人財」の採用・育成・定着のための職場作り

ーコンサルティング支援の実践ー

介護事業に強みを持つ社労士が、事業所の抱える問題点のチェック方法、整備が必要な制度設計、企業風土醸成の方法を示し、問題点を解決。

林　正人 著　6735-9　2020/9発売　A5判並製 192頁 2,530円

忖度と国際化時代の粉飾

井端 和男 著

業績第一主義の経営者に対する忖度によって粉飾が発生するケースや、国際化に伴う海外子会社での事例を紹介。発見のための分析法も詳解。

6752-6　2020/10発売　A5判並製 256頁 3,190円

ウェルス・マネジメントの法務・税務

小山　浩・飯島 隆博・間所 光洋 著

富裕層ニーズの把握のための分析手法から、資産の運用・管理・保全・承継の実務、プラン実行後の対応までを丁寧に解説する。

6695-6　2020/11発売　A5判並製 544頁 4,620円

月刊　［毎月10日発売］

税経通信

情報を読み解くための多様な視座を提供する

1946年創刊。旬な問題を的確に捉え、各分野の専門家による税務実務と税務会計戦略の解説を掲載する専門雑誌。

標準定価　2,970円

年間購読料 36,000円（臨時号も付いてお得）

※　デジタル版も好評配信中（kindle, 他）

〒161-0033　東京都新宿区下落合2-5-13
TEL 03-3953-3325 ／ FAX 03-3565-3391
http://www.zeikei.co.jp

採択されやすい事業計画書が書ける！

中小企業・支援者のための　ものづくり補助金申請ガイドブック

事業計画書記載のコツなど採択されるためのノウハウを大公開。申請準備～採択後の事業化段階まで網羅。令和２年度改正対応版！

大西 俊太 著　6714-4　2020/8発売　A5判並製 200頁　2,640円

グループ・ガバナンスの実践と強化

グループ・ガバナンス実践に向けて実務指針を読み解きながら有効に進めるための実務書。具体的な推進方法についてケースを交え解説。

山田 英司 著　6661-1　2020/3発売　A5判並製 244頁　3,080円

税理士が提案できる家族信託
－検討・設計・運営の基礎実務－

税理士実務の目線で、家族信託の検討・設計・運営の進め方を解説。相続のプラン提案の幅を広げる。　6692-5

成田 一正・石脇 俊司 著　2020/6発売　A5判並製 168頁　2,530円

会計基準の考え方〔改訂版〕
～学生と語る23日～

会計基準の重要なテーマを教授と学生の対話形式で解説。各基準設定の目的や問題点を詳らかにし、基準の全体像の把握に役立つ。

西川 郁生 著　6730-4　2020/6発売　A5判並製 236頁　2,970円

税理士のための

財産の洗い出しに係る相続人へのヒアリング

相続案件において難易度の高い相続財産の洗い出しにつき、相続人のタイプ、財産の種類別にヒアリングの手法等を解説。

後藤 勇輝 著　6723-6　2020/8発売　A5判並製 152頁　2,420円

メガEPA時代の貿易と関税の基礎知識

貿易実務、わが国の関税、EPAの原産地基準の基礎を解説した書。貿易業の従事者、税理士などの士業での知識を必要とする者に最適。

片山 立志 著　6745-8　2020/10発売　A5判並製 308頁　3,740円

税理士のための

個人事業者・フリーランスの税務調査　－実例&対応ガイド－

個人事業者・フリーランスの税務調査全体の流れと、著者の実際の経験を基にした調査官が重点的にみるポイントと対応について解説。

内田　敦 著　6673-4　2020/2発売　四六判並製 176頁　1,870円

キャリアアップを目指す人のための

「経理・財務」実務マニュアル〔新版〕

経理業務の教科書的な内容。「業務の流れ」、「会計上のポイント」、「税務上のポイント」、「内部統制上のポイント」の４つの視点から解説。経理・財務スキルスタンダードに完全準拠。

石田　正 監修／青山隆治・馬場一徳・奥秋慎祐　著

上巻：6588-1　2018/12発売　A5判並製 388頁　3,520円

下巻：6589-8　2018/12発売　A5判並製 380頁　3,520円

エッセンスを翻訳した

英語版『Introduction to Japanese "Accounting and Finance" Practices』

6503-4　2017/12発売　A5判並製 146頁　2,200円

中国語版『会计师以及首席财务官的综合手册』

6658-1　2020/2発売　A5判並製 148頁

調査の現場から見た

国際資産課税の実務

海外資産と国際相続の課税実務をリアルな税務調査の目線から国際税務の最前線にいた元国税調査官が解説。

安永 淳晴 著　6742-7　2020/9発売　A5判並製 202頁　2,420円

計画の不整合を検証するのにも役立つ

前述した経常収支・経常利益相互の相関関係を利用すれば，事業計画と資金計画，あるいは利益の落着見込みと資金繰り予想などにおいて，計画間相互の不整合を発見することができます。つまり，経営者など企業内部の管理者にとっても，金融機関など企業外部の利害関係者にとっても，**複数の計画を照らし合わせることによって，企業が立てた計画の「辻褄が合っているかどうか」のチェックができる**のです。

次頁の例をご覧ください。

この会社の社長は金融機関の担当者に対し，次頁右上のような損益見通し（当期が経常ベースで黒字になるとの落着見通し）を示し，当面の運転資金の融資を依頼しました。なお，そのさい提示した資金繰り表の合計欄（通期落着）は次頁左側のようになっていました。

あなたが金融機関の担当者だったとしたら，まずこの社長さんに対してどんな質問を投げかけますか？普通に考えて「辻褄の合わない点」を考えてみてください。

答えは次頁下にあります。

逆に，あなたが社長の立場である場合，自分の立てた計画がこうした関係になったとしたら，まずどんな点をチェックすべきだと思いますか？

もちろん，金融機関に対して自分の会社の損益の推移を実態以上に良く見せようと，意図的に損益の落着見込みに化粧をした場合は別ですが………。

計画の不整合を検証する

通期の資金繰り見通し

資金繰り表			通期
（経常収支のみ）			
経常収支	収入	売掛金回収	980
		その他収入	105
		計	1,085
	支出	買掛金支払	790
		人件費	280
		その他経費	70
		利息	50
		計	1,190
収入ー支出			**▲105**

通期の損益落着見込み

損益計算書	通期
（経常利益まで）	
商品売上高	1,200
その他売上高	100
売上高（合計）	1,300
売上原価	750
売上総利益	550
販売管理費	380
営業利益	170
営業外収支	▲20
経常利益	**150**

検証作業の前提

1．当期の販売管理費には100の減価償却費を含む。
2．売掛金の回収は，当月末の債権を翌月に100％現金で回収しており，ここ数年売上高はほぼ横這い。
3．買掛金の支払いは，当月末の債務を翌月に100％現金で支払っており，ここ数年仕入高はほぼ横這い。

辻褄の合わない点（確認が必要な点）

1．販売管理費の中に100の減価償却費が含まれているのであれば，現金ベースで支払われる経費は280前後（380－100）であるはず。ところが，現金ベースの経費は350（人件費280＋その他経費70）になっている。したがって，実際には当期の販売管理費が450程度まで膨らむ（経常利益がもっと少なくなる）か，現金ベースの支出が70程度少なくて済む（借入金が少なくて済む）可能性があり，検証が必要。
2．商品売上高が1,200あるとすれば，現金による回収が消費税込の数値とした場合，1,320程度ないと辻褄が合わない（1,200×消費税分1.1）。ところが，現金による商品代金の回収は980しか計上されていない。したがって，実際には当期の商品売上高が891程度しかない（980÷消費税込分1.1）か，売掛金の回収がもっと多い可能性あり。つまり，経常利益がもっと少なくなる（場合によっては赤字？）か，借入金が少なくて済む可能性があるということであり，検証が必要。

計画の「時差」にも注意が必要

計画の「時差」にも注意が必要です。

「発生主義」を基本にした利益計算独特のルールがもたらす「時差」であり，経常収支と経常利益を見比べるさい留意すべき点のひとつです。

利益計算には**「収益と費用の期間対応」**という大原則があります。**「利益を増やす要素と利益を増やすために犠牲になった要素の期間対応」**です。未収収益や未払費用といった勘定科目が現れるのは，この原則によるものです。

ここでは未払費用を例にとって，計画の「時差」について考えてみましょう。未払費用とは，「未払い」であるにもかかわらず「費用」として認識する会計独特の費用科目です。**実際に現金の支出がなくても，利益計算上は費用としてマイナスする（経常利益計算に反映される）**わけです。したがって，当然のことながら現金ベースで作られている経常収支との間には，この分だけ誤差が生まれます。

ただし，事業内容や事業規模が安定的に推移している会社であれば，前期末の値と当期末の値に通常大きな差は出ません。そのため，この分を無視しても結果に大きな違いが出ないことも少なくありません。

いずれにしても，計画の「時差」を生む要因がこんなところにもあることを頭に入れておく必要はあります。自分が立てた計画の整合性をチェックしたりするさい考慮しなくてはならない点のひとつだからです。

計画の「時差」をもたらすもの

前期末バランスシート

負債の部	
⋮	⋮
未払費用	60
⋮	⋮

当期末バランスシート

負債の部	
⋮	⋮
未払費用	80
⋮	⋮

当期資金繰り表

	通期
収入	
売掛金回収	1,000
その他	200
収入計	1,200
支出	
買掛金支払	600
販売管理費	*250*
その他	30
支出計	880
経常収支	**320**

当期末の「未払費用」が多い分だけ，損益計算書との間に「時差」が生じる

↓

損益計算書の方が，現金収支計算より20だけ販売管理費が多くなる効果あり（前期末と当期末の「未払費用」残高が同額であれば，発生主義の損益計算と現金収支の間に「時差」は生じない）

「ヨコ」から「タテ」から「斜め」から

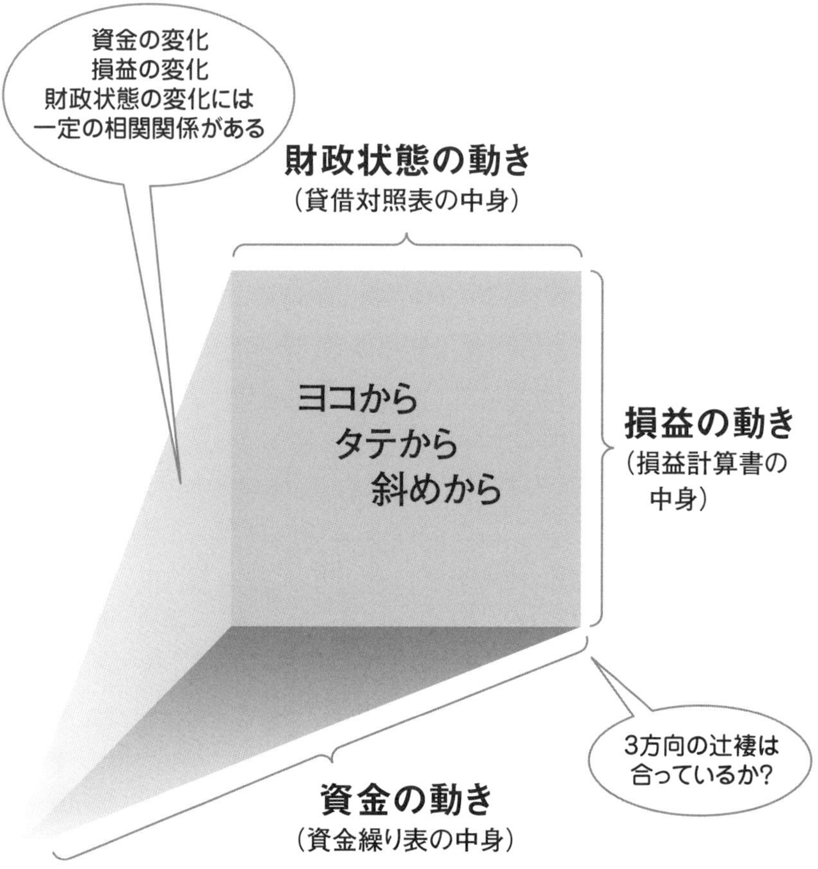

第4章

キャッシュ・フロー
との接点

もっとも大切なのは事業計画

「資金繰り計画を作るさいの留意点」を聞かれて，すぐに資金繰り計画の中身を云々したがる人を見かけることがあります。資金繰り計画を作るさいの留意点だから，資金繰り表の中身さえチェックすれば事足りると考えているのです。

しかし，これは大きな誤りです。資金繰り表を作る前の段階でもっと大切な作業があるからです。そもそも**資金繰りは目的でなく手段**です。最初に資金繰り計画があるのではなく，元になる事業計画がまずあります。そういった意味では，**資金繰り計画は事業計画の副産物**にすぎません。

資金繰り計画が独立して存在するのでなく，まずビジネスのアイディアを具体的にまとめた事業計画があり，それを資金面から時系列に焼き直した資金繰り計画があるのです。通常は年度の事業計画を年度の資金繰り計画に落とし込み，資金繰り作業の基礎にします。これを事業計画の推移に従い，月次，場合によっては（綱渡りの資金繰りが必要となる場合には）日次展開していきながら，より細かく追うことになるわけです。

大きく捉えて，徐々に小さく見ていくのです。いずれにしても，大本の事業計画がしっかりしていなくては話になりません。

郵便はがき

料金受取人払郵便

落合局承認

4302

差出有効期間
2022年8月31日
（期限後は切手をおはりください）

161－8780

東京都新宿区下落合2-5-13

㈱ 税務経理協会

社長室行

お名前	フリガナ	性別	男・女
		年齢	歳
ご住所	□□□-□□□□ TEL （ ）		
E-mail			
ご職業	1．会社経営者・役員 2．会社員 3．教員 4．公務員 5．自営業 6．自由業 7．学生 8．主婦 9．無職 10．公認会計士 11．税理士 12．行政書士 13．弁護士 14．社労士 15．その他（ ）		
ご勤務先・学校名			
部署		役職	

ご記入の感想等は，匿名で書籍のＰＲ等に使用させていただくことがございます。
使用許可をいただけない場合は，右の□内にレをご記入ください。 □許可しない

ご購入ありがとうございました。ぜひ、ご意見・ご感想などをお聞かせください。
また、正誤表やリコール情報等をお送りさせて頂く場合もございますので、
E-mail アドレスとご購入書名をご記入ください。

この本のタイトル	

Q1　お買い上げ日　　　　年　　月　　日

ご購入方法　1．書店・ネット書店で購入（書店名　　　　　　　　）
2．当社から直接購入　　3．その他（　　　　　　　　）

Q2　本書のご購入になった動機はなんですか？（複数回答可）
1．タイトルにひかれたから　　2．内容にひかれたから
3．店頭で目立っていたから　　4．著者のファンだから
5．新聞・雑誌で紹介されていたから（誌名　　　　　　　　）
6．人から薦められたから　　7．その他（　　　　　　　　）

Q3　本書をお読み頂いてのご意見・ご感想をお聞かせください。

Q4　ご興味のある分野をお聞かせください。
1．税務　　2．会計・経理　　3．経営・マーケティング
4．経済・金融　　5．株式・資産運用　　6．法律・法務
7．情報・コンピュータ　　8．その他（　　　　　　　　）

Q5　カバーやデザイン、値段についてお聞かせください

①タイトル	1良い	2目立つ	3普通	4悪い
②カバーデザイン	1良い	2目立つ	3普通	4悪い
③本文レイアウト	1良い	2目立つ	3普通	4悪い
④値段	1安い	2普通	3高い	

Q6　今後、どのようなテーマ・内容の本をお読みになりたいですか？

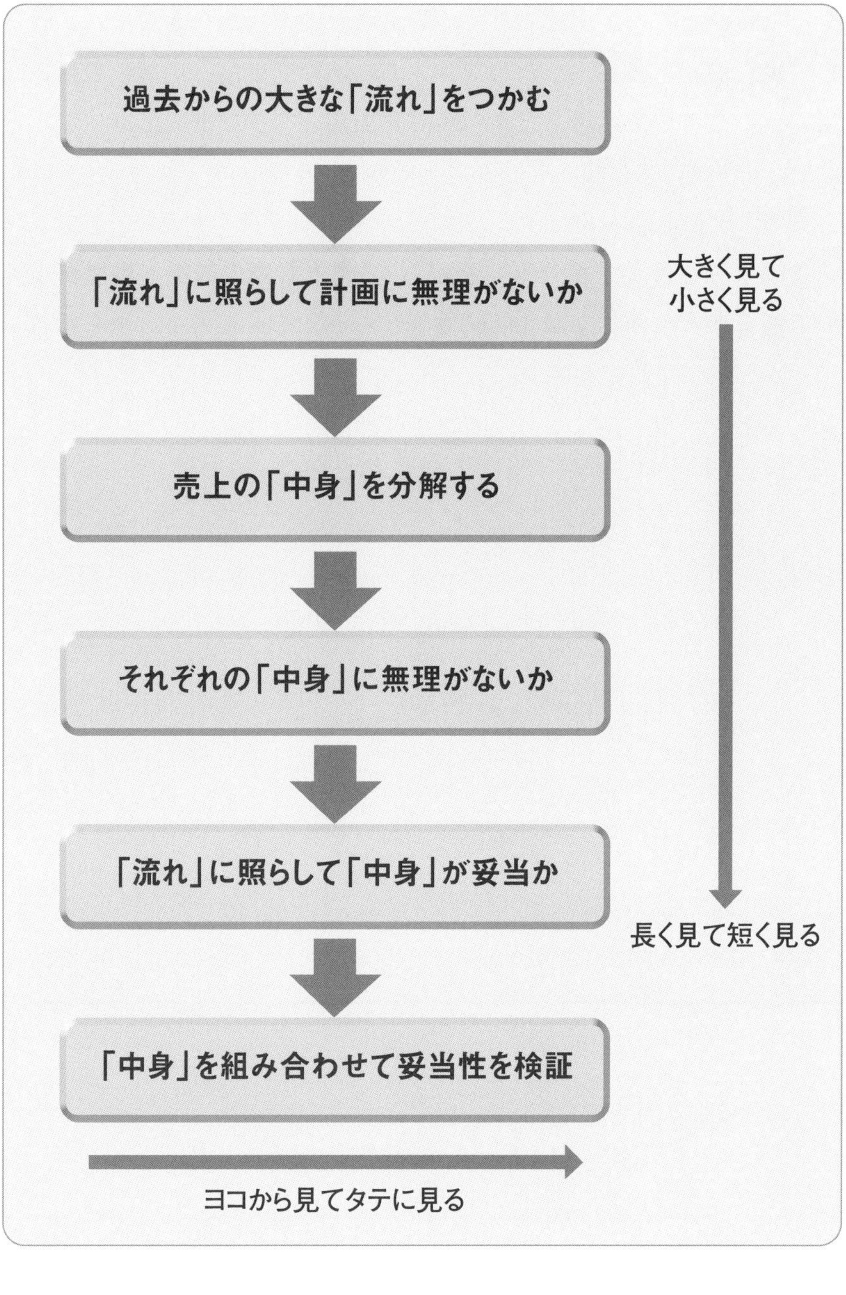
過去からの大きな「流れ」をつかむ
「流れ」に照らして計画に無理がないか
売上の「中身」を分解する
それぞれの「中身」に無理がないか
「流れ」に照らして「中身」が妥当か
「中身」を組み合わせて妥当性を検証
大きく見て
小さく見る
長く見て短く見る
ヨコから見てタテに見る

を組み合わせて「１店舗あたりの売上高」の推移が大きな流れに照らして現実的か，商品（ないしブランド）別の売上高と店舗数の情報を組み合わせて「１店舗あたりの商品売上高（ブランド売上高）が現実的か，ｅコマースによる伸びが現実的か，といった確認です。「ヨコから見てタテに見る」のです。

このような作業を繰り返しながら，**「売上計画の前提と根拠が現実的であるかどうか」**を徹底的に検証したうえで，初めて計画を承認すべきかどうかを決定します。

支払いは計画通りが当たり前

支払いは計画通りが当たり前です。

お金を使う方は，自分の意思でコントロール可能だからです。逆に言えば，それができないようでは会社の経営をしていることになりません。**自分で使うお金の額すらコントロールできないようでは，計画通りに事が運ぶはずがない**からです。

もっとも会社の規模が大きくなるにつれ多くの従業員が絡むため，自分ひとりの意思だけではどうにもならないのも事実です。その場合は，計画以上にお金が使われないよう管理体制を整える必要があります。管理のシステムが必要になるのです。

特に重要なのは，「事前制御が効くようなシステムになっているかどうか」です。「実際にお金が出ていく前にチェックがかかるようになっている」ということです。どんな精緻なシステムでも，事後に結果が確認できるだけでは意味がないからです。

先に指摘したとおり，お金をもらう方（売上／収入）は常に不安定要素を抱えています。相手があることだからです。必ずしも計画通りに事が運ばない可能性が高いということです。したがって，せめてお金を使う方（費用／支出）ぐらいは計画通りに進めないと，事業計画の達成はおぼつきません。

もちろん，**収入が計画を下回る兆候が現れた場合には，即座に支出を削減して収支のバランスをとる**必要があることは言うまでもありません。「支出が計画通り」であるのは，収入が計画通りかそれを上回っていることが大前提です。

事業計画に「のりしろ」はあるか？

いきなり事業計画の「のりしろ」と言われても，何のことだかピンと来ない人もいるかもしれません。ここでいう**「のりしろ」とは「計画にもたせた余裕の幅」**のことです。ぶれても計画の達成に大きな支障が生じない「誤差の範囲」です。

計画を実現するうえで，こうした「のりしろ」は不可欠です。本章でも度々説明したとおり，事業計画にはさまざまな不安定要因が含まれています。計画通りいかないのが当たり前とも言えます。したがって，計画に多少の狂いが生じても結果的に計画と実績の乖離を最小限にとどめる工夫が必要になるのです。その工夫の代表的なものが「のりしろ」です。

ただし，その「持たせ方」は簡単ではありません。

いくら計画の余裕といっても，「のりしろ」が大きすぎては計画の本当の姿が見えなくなってしまいます。一般的な「のりしろ」の取り方は，「売上（収入）を低めに，費用（支出）を多めに」です。しかし，これを極端にやりすぎては計画の段階から赤字になってしまう場合すらあります。

また，計画間相互の整合性確保の点からも難点があります。

前章でも説明したとおり，「損益の変化」「財政状態の変化」「資金の変化」の間には一定の相関関係があります。したがって，「のりしろ」の取り方によっては，それぞれの計画の間の理論的整合性を確保することが難しくなるのです。

事業計画と資金繰り計画の関係を例にとって考えてみましょう。

資金繰り計画は事業計画を時系列に置き換えたものです。したがって，両者の間には整合性がなくてはなりません。このさい，「のりしろ」をどのように確保すべきでしょうか？

よく見かけるのが，事業計画に「のりしろ」を取ったうえ，資金繰り計画にも「のりしろ」を取るケースです。「安全に，安全に」ということです。気持ちはわからないでもありません。経理部の担当者からすれば，「ウチの会社の営業部が作る予算は当てにならないから，資金繰り表の上にも余裕をもっておかないと危なくてしょうがない。」といったところでしょう。資金繰り表の収入を低めに，支出を多めに計上しておくのです。

しかし，この方法には「計画間相互の整合性が見えにくくなる」という欠点があります。金融機関など外部に計画を提示する場合はもちろんのこと，社内の管理上も「事業計画と資金繰り計画との間に理論的整合性があるかどうか」の検証は不可欠です。このさい，**「のりしろ」が事業計画と資金繰り計画の両方にとられていると，一見しただけでは両者間に整合性があるのかどうかが検証できません**。

自社で使うだけだったら，それでも支障ないかもしれません。しかし，融資のさい稟議書の添付資料などに使われる場合には不適格です。一見しただけでは計画の適否が判断できないからです。

やはり，**事業計画を手堅く作り（適度な「のりしろ」を確保しながら），それをストレートに資金計画に置き換える**のが理想的なのでしょう。そうすることにより，金融機関など外部の人間だけでなく，自分自身も計画と実績の乖離が生じたさい，「何が原因でどこにどういう影響が出るか」を検証しやすいからです。関係者すべてにとって都合が良いのです。

事業計画の精度が高ければ資金繰りは狂わない

事業計画の精度が高ければ資金繰りは狂いません。

当たり前のことですが，売上が計画通りにいき，代金の回収が予定通り行われ，経費は計画の範囲でしか使われなければ，資金繰りの狂いようがありません。事業計画を資金繰り計画に移す段階で単純な数字の移し間違い等をしていれば別ですが……。

したがって，**資金繰りの精度を高めたければ，事業計画の精度を高めればいい**のです。資金繰りの話がいつも事業計画の話に行き着いてしまいますが，要は「計画の大本をしっかり固める」ということです。繰り返し指摘したとおり，資金繰りは目的でなく手段にすぎないからです。

それゆえ事業計画の精査，とりわけ売上計画の精査には全身全霊を傾けなくてはなりません。事業計画の成否は売上計画が握っているといっても過言ではありません。お金を使う方は自分の意思でどうにでもなりますが，お金をもらう方は相手がある話でもあり「ぶれて当たり前」と言えなくもないからです。

ただし，資金管理のうえからは，「上ぶれ」は起きても「下ぶれ」だけは避けねばなりません。そのためにも売上計画の中身の精査は重要です。

キャッシュ・フローとの接点であり，キャッシュ・フロー管理の鍵を握っているのが事業計画の中身なのです。

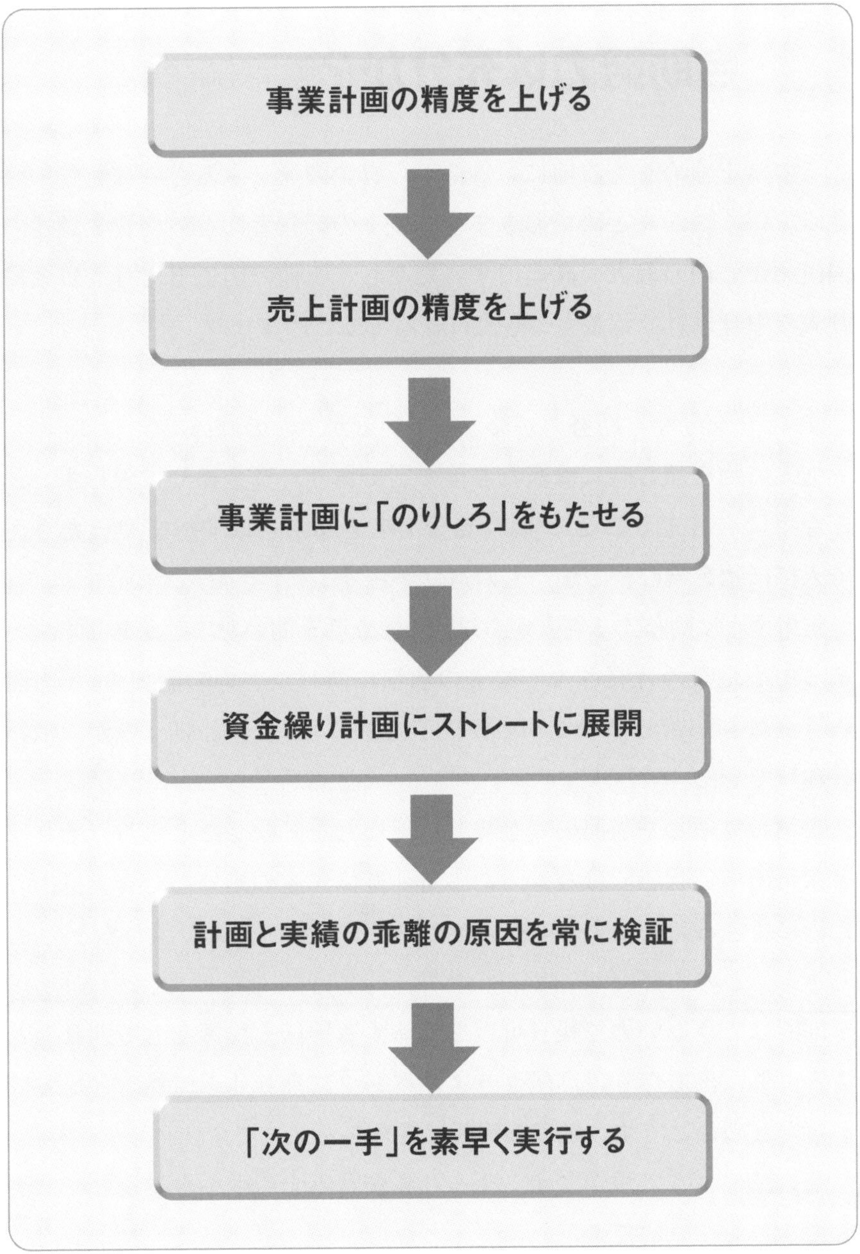
事業計画の精度を上げる
売上計画の精度を上げる
事業計画に「のりしろ」をもたせる
資金繰り計画にストレートに展開
計画と実績の乖離の原因を常に検証
「次の一手」を素早く実行する

自助努力は充分か？

この章を締めくくる前に，外部から資金調達をするさいに留意すべき点をいくつかまとめておきます。多くの経営者にとって資金調達の円滑化が当面の最大の課題です。ただし，紙面の関係もあり，資金繰り表の中身以外で留意すべき点に絞ってまとめます。

まず，「充分な自助努力がなされているか？」の確認です。

他人に物を頼む時には当たり前の話であり，資金繰りに限らず，どんな事にも言えることです。**「自分でできることはすべてやったうえで人様に物を頼む」**のが，人の道だからです。

信用金庫に勤務する友人から以前こんな話を聞いたことがあります。ある中小企業の社長さんが融資の依頼に訪れたさいの話です。「当面の資金繰りが苦しいので何とか融資を頼みたい。」というのが，依頼の趣旨でした。

業績の見通しや当面の資金繰り状況などを確認したところ，それほど余裕のある状態ではなかったので「遊休資産の処分など資金捻出のためにできることはすべてやったのか？」を私の友人が訊ねると，「もちろん」とのこと。

即断はできないので後日可否を連絡する旨伝え挨拶をして別れたところ，外に出るなり最高級クラスのベンツに乗り込んで悠々と帰っていったとのことです。融資の判断はもちろんノーです。

笑い話のようですが，オーナー社長が君臨する中小企業などでは決して珍しくない話です。

しかし，こうした姿勢では資金を貸し出す側の理解は得られません。金融機関といえども，預金者から預かった大事な資金を貸し出すのです。担保の有無など返済の目処が立つのかどうかの確認もさることながら，「自助努力が充分なされていること」が大前提です。

最低限度の危機管理ができないようでは，たとえ当面の資金を融資したとしても，遅かれ早かれ同じような状況に陥り「追い銭」が必要となることは間違いありません。とすれば，とても怖くて当面の融資もできません。貴重な与信枠を「砂漠に水をまく」ような形で使うわけにはいかないからです。

「誠意」の問題とも言えます。金融機関の融資といっても，人間がやることですから，「融資を受ける側が精一杯できることをやっているのか」についての感じ方が，与信判断に影響するのは当然です。自分がその立場になった時のことを思えば，考えるまでもありません。

実はキャッシュ・フローを「扱う人」が見られている

キャッシュ・フローを「扱う人」が見られていることも忘れてはなりません。先の例を引くまでもなく，財務基盤や業績が似通った企業が二つあって，与信枠の関係でどちらか一方にしかお金を貸せないとしたら，何が違いをもたらすでしょう？

「人」です。

企業の財務基盤や業績，あるいは資金状態も大切なのですが，**経営者をはじめ「扱う人」が信頼に足るのかどうかが，与信判断において大きな重みをもつ**のです。

ベンチャー企業などが投資家から出資を募るさいには，特にこの点が大事です。ベンチャー企業の場合，成長性の高いビジネスのアイディアはあっても，不動産など担保になるような資産をもち合わせていないケースがほとんどです。

鍵を握るのは，ビジネスプランであり，それを実行する「人」です。

ここ数年素晴らしいアイディアをもったベンチャー企業の倒産が相次いでいますが，その多くは経営管理面の不備によるものです。特に，資金面，キャッシュ・フローを管理する能力に欠けているケースが少なくありません。

ベンチャー企業への出資にあたっても，これまではビジネスプランや企業家の情熱・人柄ばかりに目がいきがちでしたが，最近は徐々に変わりつつあります。起業する人の財務管理能力は充分か，たとえ本人にその能力がなくても補完するブレーンを抱えているかどうか，が厳しく見られるようになっているのです。

しかし，考えてみれば当たり前のことです。いくら良いアイディアをもっていても，ビジネスが軌道に乗る前に資金繰りが破綻してしまったのでは元も子もありません。投資先の株券が紙屑になってしまうからです。

実は「扱う人」が見られている……

情報開示の「姿勢」が違いを生む

情報開示の「姿勢」も重要です。

会社のおかれている状況を包み隠さず明らかにすること。業績や資金状況の推移を定期的に伝えること。何が計画と実績の乖離を生み，それが以降の業績や資金繰りにどういう影響をもたらすのかを，遅滞なく，わかりやすく伝えること。こうしたことの積み重ねが大切なのです。

そうした**地道な作業の積み重ねが信頼を生む**からです。

この世の中でもっとも恐ろしいことは，「いつ何が起こるか，まったくわからない状態」です。昔から「地震，雷，火事，おやじ」と言いますが，予測できないために怖いのは地震です。阪神大震災や東日本大震災の例を引くまでもありません。台風は予報により直前に予測できますが，河川の氾濫などの予測は困難です。このように，「いつ，どれだけの規模で起こるのか」がわからないことが恐いのです。

企業に対する与信行為にもまったく同じことが言えます。

財務基盤や業績が悪くても，「どの程度悪いのか」そして「状況はどう推移しているのか」が予めわかっていれば，それなりに覚悟のしようがありますし，対策の立てようもあります。

しかしながら，「会社の中で何が起きているのか」まったくわからなければ，与信の判断もさることながら，リスクの大きさを測ることすらできません。

金融機関の与信行為だけではありません。企業間の与信行為でも

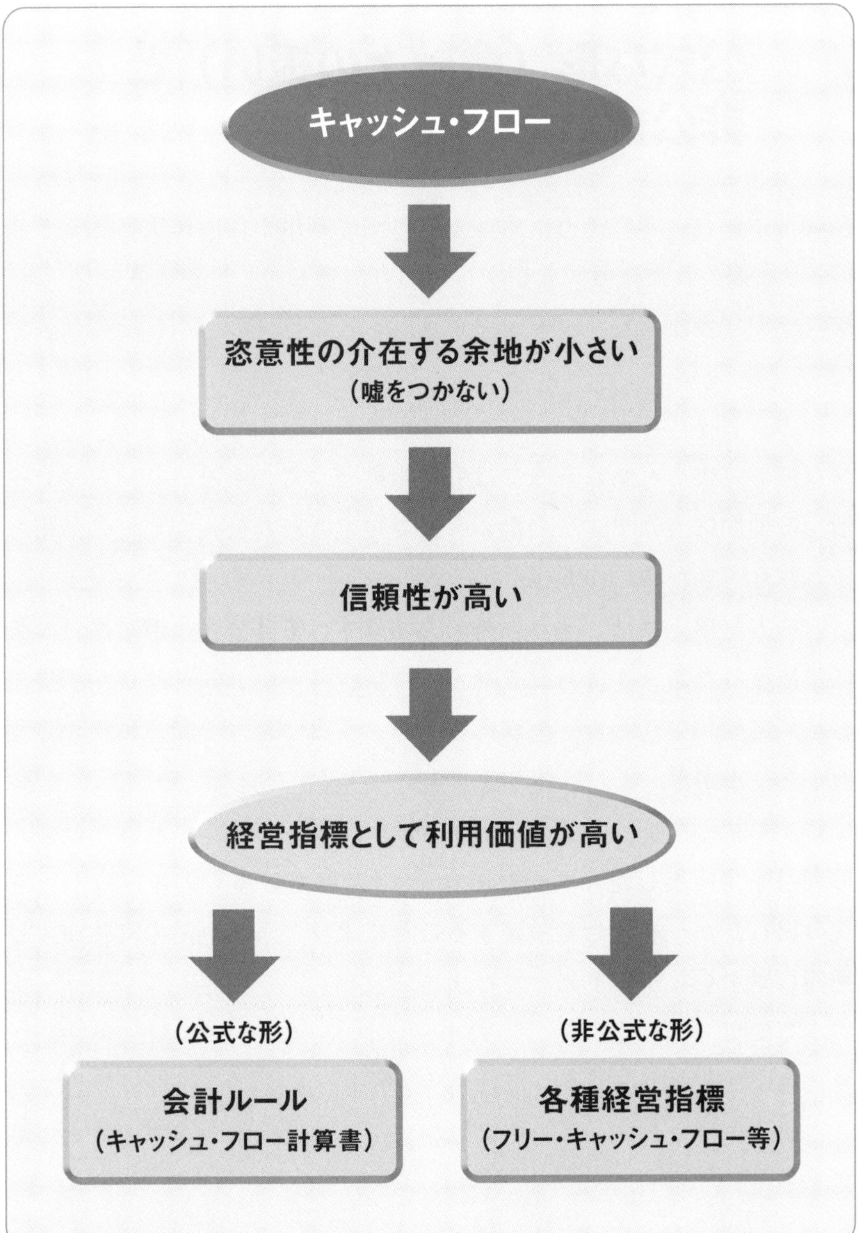
キャッシュ・フロー
恣意性の介在する余地が小さい
（嘘をつかない）
信頼性が高い
経営指標として利用価値が高い
（公式な形）
会計ルール
（キャッシュ・フロー計算書）
（非公式な形）
各種経営指標
（フリー・キャッシュ・フロー等）

公式な形（会計上の扱い）と非公式な形

経営指標としてのキャッシュ・フローの利用の仕方は実にさまざまです。企業の特性を考慮しながら算出方法を工夫した各種キャッシュ・フローや，後述するフリー・キャッシュ・フローの活用はその代表例です。

一方，日本の1990年代の会計制度改革で導入されたキャッシュ・フロー計算書も，ある意味では経営指標としてのキャッシュ・フロー活用の仲間に入ります。会計ルールで規定された公式な形での活用方法と言うべきかもしれません。

言い方を換えれば，**それ以外の方法はすべて非公式な形であり，公に決められたルールはありません**。時折，キャッシュ・フローの算出方法に定型化されたルールがあるかのようなマスコミ報道に接することがありますが，正しくありません。

いずれにしても，投資家など外部の人にとっては，**「どれだけ多くの利益を生み出したか」だけでなく，「どれだけ多くのキャッシュを生み出したか」も併せて検証することにより，当該企業の実態がより把握しやすくなります**。

本章では，経営指標としてのキャッシュ・フローの算出方法など，具体例を交えながらできるだけ平易に解説します。

なお，キャッシュ・フロー計算書については，第7章でまとめて解説します。

B／Sの残高変化による増加効果と減少効果

売掛金や買掛金など，貸借対照表（バランスシート／Balance Sheet）上の勘定科目の残高変化による資金創出効果，資金使用効果です。貸借対照表の勘定科目はいずれも，残高が増減するとキャッシュを増減させる効果があります。残高が増えたり減ったりすると，それに連動してキャッシュも増えたり減ったりするのです。

他の二つの要素に比べると少しだけ話が複雑です。慣れてしまえば何のことはないのですが，日頃財務諸表に馴染みの薄い人にとっては理解しにくいかもしれません。

でも心配は要りません。財務諸表に馴染みがない人にもわかるよう，かみ砕いて説明します。最初はピンと来ないかもしれませんが，慣れるに従い徐々に理解が深まるはずですので根気よく読み進んでください。

「売掛金」残高の変化を例にとって具体的に考えてみます。「売掛金」が下のように変化すると，キャッシュは増えるでしょうか，減るでしょ

うか？

売掛金が前期に比べ50増えるということは，前期に比べ50だけ多く他人にお金を貸していることになり，手元のキャッシュは50減少しているはずです。

同じことをバランスシートの上で考えてみましょう。下の「超」単純バランスシートをご覧ください。

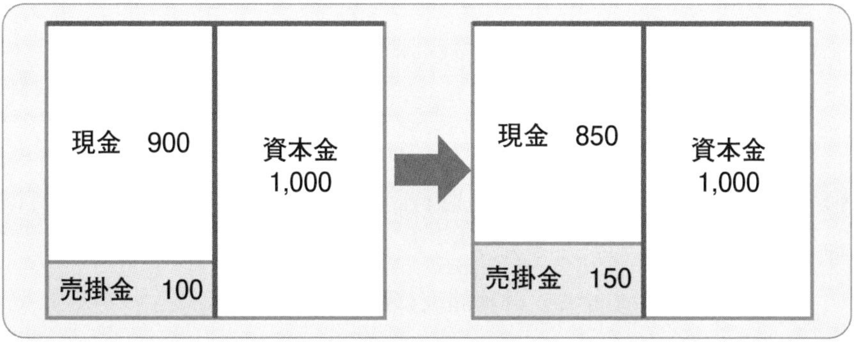

「資本金」1,000のうち，前期は900を「現金」で，100を「売掛金」で運用していたとします。左側のバランスシートです。当期になって「売掛金」が前期に比べ50だけ増えて150になったとしたら，バランスシートは右側のように変化するはずです。「バランスシートでは左右の残高は常に一致しますので，「現金」はその分（50）だけ減って850になります。このように,「売掛金」残高が増えると,手元のキャッシュはその分だけ減るのです。

逆に,「売掛金」残高が前期に比べて減った場合，手元のキャッシュにはどんな影響があるでしょう？　キャッシュは増えるのでしょうか，減るのでしょうか？

「売掛金」が前期に比べ50減るということは，前期に50貸していたお金が戻ってきたことになり，手元のキャッシュは50増えているはずです。

バランスシートの上で検証してみましょう。

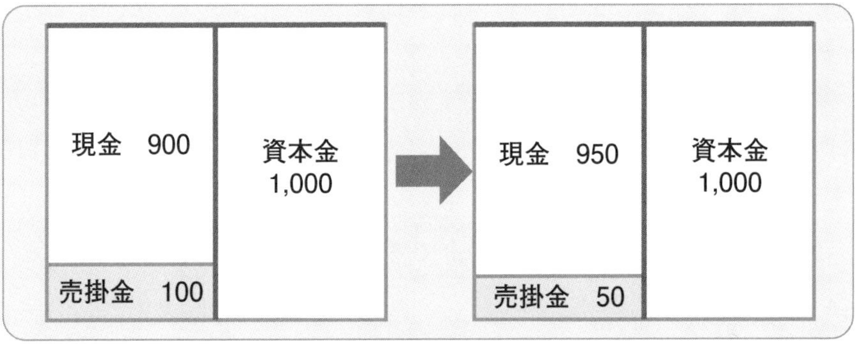

「資本金」1,000のうち，前期は900を「現金」で，100を「売掛金」で運用していたとします。左側のバランスシートです。当期になって「売掛金」が前期に比べ50だけ減って50になったとしたら，バランスシートは右側のように変化するはずです。左右の残高は一致しますので,「現金」はその分（50）だけ増えて950になります。つまり,「売掛金」残高が減ると手元のキャッシュはその分だけ増えるのです。

今度はバランスシートの右側の勘定科目が変化すると，手元のキャッシュにはどんな影響が出るのかを検証してみましょう。ここでは,「買掛金」残高の変化を例にとって具体的に考えてみます。

「買掛金」が次頁のように変化すると，キャッシュは増えるでしょうか，減るでしょうか？

「買掛金」が前期に比べ50増えるということは，前期に比べ50だけ多く他人からお金を借りたことになり，手元のキャッシュは50増えているはずです。

同じことをバランスシートの上で考えてみましょう。下のバランスシートをご覧ください。

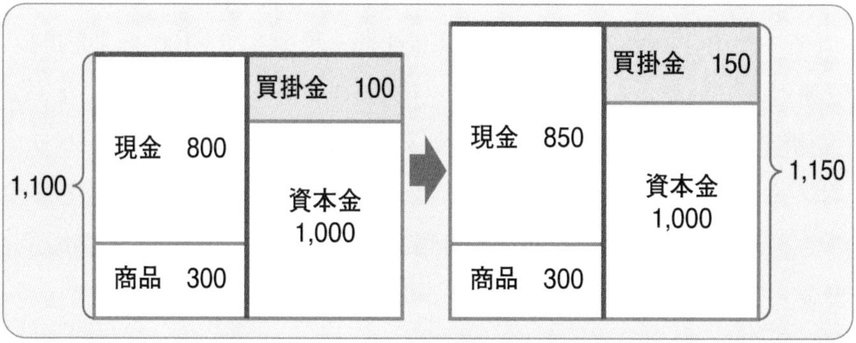

「資本金」1,000,「買掛金」100, 合計1,100の総調達額を, 前期は「現金」800,「商品」300で運用していたとします。左側のバランスシートです。当期になって「買掛金」が前期に比べ50だけ増えて150になったとしたら, バランスシートは右側のように変化するはずです。「商品」残高が変わらなければ,「現金」はその分（50）だけ増えて850になります。このように,「買掛金」残高が増えると，手元のキャッシュ

はその分だけ増えるのです。

逆に,「買掛金」残高が前期に比べて減った場合, 手元のキャッシュにはどんな影響があるでしょう？キャッシュは増えるのでしょうか,減るのでしょうか？

「買掛金」が前期に比べ50減るということは, 前期に借りていたお金を50返済したことになり, 手元のキャッシュは50減っているはずです。

バランスシートの上で検証してみましょう。

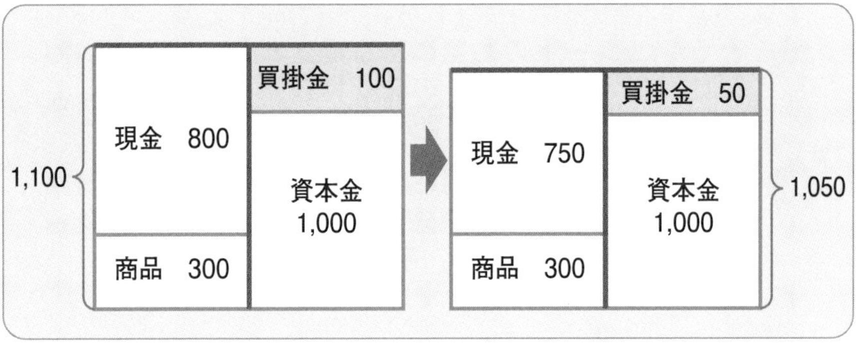

「資本金」1,000,「買掛金」100, 合計1,100の総調達額を, 前期は「現金」800,「商品」300で運用していたとします。左側のバランスシートです。当期になって「買掛金」が前期に比べ50だけ減って50になったとしたら, バランスシートは右側のように変化するはずです。「商品」残高が変わらなければ,「現金」はその分（50）だけ減って750になります。つまり,「買掛金」残高が減ると手元のキャッシュはその分だけ減るのです。

これまでの話は次のようにまとめることができます。

1 バランスシートの左側にある勘定科目のうち，「現金」以外の残高が前期に比べて増えると，その分だけ「現金」以外の運用額が増えることになるため，手元の「現金」は減る。

2 バランスシートの左側にある勘定科目のうち，「現金」以外の残高が前期に比べて減ると，その分だけ「現金」以外の運用額が減ることになるため，手元の「現金」は増える。

3 バランスシートの右側にある勘定科目の残高が前期に比べて増えると，その分だけ新たに資金調達してきたことになるため，手元の「現金」は増える。

4 バランスシートの右側にある勘定科目の残高が前期に比べて減ると，その分だけ資金調達してきた資金が減ることになるため，手元の「現金」は減る。

三つの効果を組み合わせて出来上がり

これまで説明してきた三つの要素を組み合わせることにより，キャッシュ・フローが求められます。つまり，三つの効果を組み合わせることで，「新たに生み出されたキャッシュの大きさ」を測定することができるのです。

ただし，これは諸説あるキャッシュ・フロー算出方法のひとつにすぎません。もっとも基本的な方法ではありますが……。

対象となる企業の業容や業種等によって応用動作が求められる場合もあることは，頭の片隅に入れておく必要があるでしょう。

鍵を握る三つの要素がもたらす効果を今一度復習します。

まず，計算のスタートになるのが，**「利益」のキャッシュ創出効果と「損失」のキャッシュ使用効果**でした。計算の起点になる「基礎」部分です。

次に，**非資金費用によるキャッシュ創出効果**がありました。実際には現金の払い出しが行われなくても，利益計算上「費用」としてマイナスされる勘定科目です。減価償却費や各種引当金がその代表例でした。

最後に，**バランスシートの残高の変化によるキャッシュ創出効果と使用効果**がありました。

これら三つをまとめると次のようになります。

キャッシュ・フロー＝当期純利益＋非資金費用
＋(－)B／S科目の残高変化分

「必要運転資本」を理解する

キャッシュ・フロー算出の鍵を握る三つの要素のうち，最後に取り上げた要素をもう少し深く掘り下げます。バランスシート上の勘定科目の残高変化がもたらす影響についてです。

バランスシート上の勘定科目の残高が変化すると，多くの場合なんらかの形でキャッシュ・フローに変化をもたらすわけですが，その中心となるのが流動資産と流動負債の一部の勘定科目です。**会社の基幹的な活動にかかわる勘定科目のグループ**だからです。

文房具の卸売業であれば，文房具を仕入れ，在庫として保管し，販売し，代金を回収するに至る一連のプロセスが，その会社にとっての基幹的な活動です。もちろん，時には保管用の倉庫を建てるための土地を購入したり，営業用の車を購入したりして，固定資産に投資することもあるでしょうが，**日々の活動の中心となるのは飽くまでも商品を仕入れて販売する営業サイクル**です。

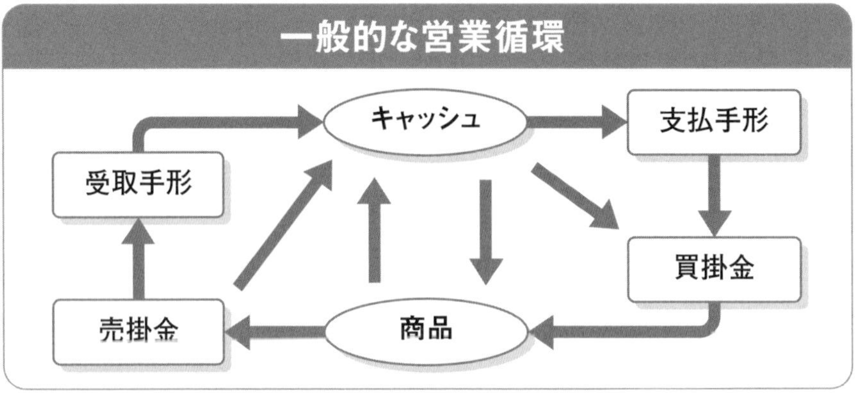

一般的な営業循環

これをバランスシートの上で表現すれば下図のようになります。

一般的なバランスシートの構造

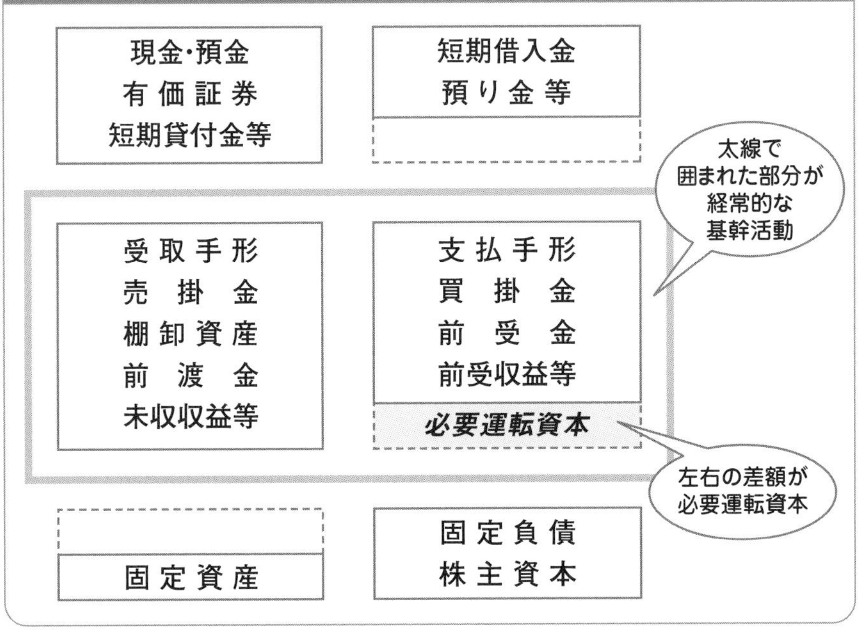

太線で囲まれた部分が，経常的な基幹活動にかかわる部分です。つまり，仕入れから売上にいたる一連の流れに伴う勘定科目のつながりです。商品を仕入れるとともに買掛金が発生し，支払手形を振り出して支払いを行う。一方，商品を在庫として保管し，販売するとともに売掛金が発生し，受取手形で受取代金の払い込みを受ける。という一連のプロセスです。

この経常的な**基幹活動にかかわる勘定科目のうち，資産と負債の差額を必要運転資本**と呼びます。「運用資産が調達資本を上回っている分だけ，運転資本が必要になる」というイメージです。

必要運転資本とキャッシュ・フロー

必要運転資本を示した前頁の図を今一度ご参照ください。

財務構造が安定している会社の場合，必要運転資本は株主資本や固定負債でまかなわれているのが普通ですが，財務基盤の弱い会社の場合には短期借入金など他の流動負債でまかなわれています。

必要運転資本の調達を長期資金，中でも返済の必要のない株主資本でまかなっていれば，資金繰りは安定します。必要運転資本に充当する資金手当に気を取られずに基幹的な営業活動に専念できるわけです。

一方，必要運転資本の調達を短期資金，特に２～３ヶ月で返済期日が訪れるような短期借入金でまかなっていれば，資金繰りは不安定になります。年がら年中，資金手当に追われて営業活動に影響が出かねません。

したがって，①「**必要運転資本をどんな資金でまかなう構造になっているか**」，ならびに②「**必要運転資本の額がどのように変化しているか**」**の検証作業が重要**になります。

このうち①については，前期と当期のバランスシートを見比べれば簡単に確認できます。

②についても前期と当期のバランスシートの情報があれば確認可能ですが，①よりも少しだけ計算が複雑になります。前期の必要運転資本と当期のそれを算出し，差額を求めねばならないからです。

ところで，この**必要運転資本の前期と当期の差額分は当期のキャッシュ・フローに影響を及ぼします**。このことを少し考えてみます。

たとえば，当期の必要運転資本が前期の必要運転資本を上回った場合，キャッシュ・フローは増えるでしょうか，減るでしょうか？

この点を考えるにあたり，先に説明した「バランスシート上の勘定科目の残高の変化による資金創出効果・使用効果」を思い起こしてください。念のため骨子を再掲します。

1 **バランスシートの左側にある勘定科目のうち，「現金」以外の残高が前期に比べて増えると，その分だけ「現金」以外の運用額が増えることになるため，手元の「現金」は減る。**

2 **バランスシートの左側にある勘定科目のうち，「現金」以外の残高が前期に比べて減ると，その分だけ「現金」以外の運用額が減ることになるため，手元の「現金」は増える。**

3 **バランスシートの右側にある勘定科目の残高が前期に比べて増えると，その分だけ新たに資金調達してきたことになるため，手元の「現金」は増える。**

4 **バランスシートの右側にある勘定科目の残高が前期に比べて減ると，その分だけ資金調達してきた資金が減ることになるため，手元の「現金」は減る。**

必要運転資本は資産残高と負債残高の差額ですから，これが前期のそれを上回るということは，上の１か４のケースです。つまり，バランスシートの左側にある勘定科目の残高が前期に比べて増えているか，バランスシートの右側にある勘定科目の残高が前期に比べて減っているケースです。

ということは，その分だけ多く運用に回しているか，その分だけ調達した資金が減っているわけであり，いずれの場合でも手元の現金は減っているはずです。

一方，この必要運転資本の当期の額が前期のそれを下回った場合，手元の現金にはどういう影響が出るでしょうか？

必要運転資本が前期のそれを下回るということは，前頁の２か３のケースです。つまり，バランスシートの左側にある勘定科目の残高が前期に比べて減っているか，バランスシートの右側にある勘定科目の残高が前期に比べて増えているケースです。

ということは，その分だけ運用に回している資金が減っているか，その分だけ多く調達しているわけであり，いずれの場合でも手元の現金は増えているはずです。

現実の世界では，１と３，２と４，あるいは四つの組み合わせとなるケースもあるでしょう。バランスシートの左側にある勘定科目の残高のいくつかは前期に比べて増える一方，右側にある勘定科目の残高のいくつかも増えているようなケースや，左側にある勘定科目の残高のいくつかが前期に比べて減る一方，右側にある勘定科目の残高のいくつかも減っているようなケースです。

こうした場合は，当然のことながら，それぞれの勘定科目がもつプラスやマイナスの効果を合計した差額分だけ必要運転資本が増減します。

したがって，先に示したキャッシュ・フローの算出式は次頁のようにも書き換えられます。

キャッシュ・フロー＝当期純利益＋非資金費用
＋（－）B／S科目の残高変化分
＝当期純利益＋非資金費用
－必要運転資本の増加分

これは，飽くまでもキャッシュ・フローを算出するうえで鍵を握る三つの要素を組み合わせた簡便法ですが，ここで取り上げた「三つの要素」がきちんと理解できていれば，資金移動表や資金運用表の構造も簡単に理解できるはずです。ここで説明したことこそ，キャッシュ・フローを検証するうえでの「基本動作」だからです。

実際に計算してみる

腕試しです。ここまでの説明の復習も兼ねて実際にキャッシュ・フローを計算してみます。以下の損益計算書と貸借対照表の数値を使いながら，順を追って確認してみてください。

要約損益計算書

	前期	当期
売上高	1,000	1,050
売上原価	600	620
売上総利益	400	430
販売管理費	322	335
人件費	180	185
地代家賃	100	100
水道光熱費	12	13
広告宣伝費	20	25
減価償却費	*7*	***8***
貸倒引当金繰入額	*3*	***4***
営業利益	78	95
営業外収益	20	21
営業外費用	10	11
経常利益	88	105
特別利益	0	0
特別損失	0	0
税引前利益	88	105
法人税等	43	52
当期純利益	*45*	***53***

現金の払い出しを伴わない費用

最初の第一歩

当期の必要運転資本が前期に比べて増えていれば，その分だけ手元の現金が減っているはずであり，逆に前期に比べて減っていれば，その分だけ手元の現金は増えているはずです。

まず，当期の必要運転資本を算出します。必要運転資本を算出するには貸借対照表から必要運転資本に関係する勘定科目を抽出し，その残高を合計しなくてはなりません。

初めに，経常的な基幹活動にかかわる資産，つまり基幹的な活動のために運用されている資産の残高を合計し，これを基幹的な活動のために調達されている負債残高の合計と比べます。

結果として得られた差額分が必要運転資本となるわけです。

実際に計算してみましょう。

基幹的な活動のために運用されている資産の総額を算出するには，貸借対照表の左側から該当する資産の残高を抜き出して合計すれば簡単に求められます。

基幹活動での運用額＝105＋95＋260＋25＝485

一方，基幹的な活動のために調達されている負債の総額は，貸借対照表の右側から該当する負債の残高を抜き出して合計すれば求められます。

基幹活動での調達額＝200＋55＋40＝295

必要運転資本は基幹的活動の運用額から調達額を差し引いた分ですから，以下のようにして求められます。

必要運転資本＝基幹活動の運用額－基幹活動の調達額
＝485－295
＝190

❹ 必要運転資本の増減を確認する

以上で，当期の必要運転資本は算出できました。

ところが，当期の必要運転資本を求めただけでは，それがキャッシュ・フローにどんな効果を及ぼすのかを確認することはできません。それを前期の残高と比較して初めて手元の現金を増やす効果をもつのか，減らす効果をもつのかがわかるからです。

では，先ほどと同じようにして前期の必要運転資本を計算してみましょう。

基幹活動での運用額＝100＋90＋250＋20＝460
基幹活動での調達額＝180＋50＋30＝260
必要運転資本＝基幹活動の運用額－基幹活動の調達額
＝460－260
＝200

これを，先に算出した当期の必要運転資本と比較すれば，前期から当期にかけての増減が求められます。

必要運転資本の増減＝当期残高－前期残高
＝190－200
＝－10

つまり，必要運転資本は10だけ減少していることになります。

❺ キャッシュ・フローを算出する

ここまでくれば後は簡単です。

先に確認した算式にあてはめてキャッシュ・フローを計算すればよいのです。

キャッシュ・フロー（簡便法での算出）
＝当期純利益＋非資金費用－必要運転資本の増加分
＝53＋12－（－10）
＝53＋12＋10
＝75

一見とらえどころのないキャッシュ・フローですが，このように順序立てて計算してみると，案外単純な理屈のうえに成り立っていることがおわかりいただけると思います。必要運転資本の増減による効果など，慣れるまではピンと来ない部分もあるかもしれませんが，繰り返し見ていくうち徐々に違和感がなくなるはずです。根気よく頑張ってください。

モノサシはひとつではない

キャッシュ・フローの信頼性が高いとはいっても，それだけで企業の実態がすべてわかるわけではありません。**常に複数の視点から多面的な検証が必要**です。

利益面からの考察も依然として必要ですし，資本効率面からの考察も重要です。特に，何かとキャッシュ・フローと対比されることの多い利益の場合，キャッシュ・フローさえ把握していれば無視できる存在であるかのような見解に出会うことすら少なくありません。しかし，これは大きな間違いです。

固定資産がもたらす経済的効果など，利益計算ルールに従って期間配分しないと企業活動の実態が見えにくくなるケースも少なくないからです。キャッシュ・フローが重要であることに疑いの余地はありませんが，だからといって期間利益を把握することの意義が失われるわけではありません。

「どれだけの資本を使ってどれだけの利益をあげたのか」，あるいは「どれだけの資本を使ってどれだけのキャッシュ・フローを生み出したのか」といった，投下資本との兼ね合いも重要です。株式を公開しているような会社にとっては，特にこの点を無視できません。

いずれにしても，モノサシはひとつではありません。キャッシュ・フローだけを万能薬のごとく振りかざす愚は避けたいものです。

会社によって異なるモノサシ

ふさわしいモノサシは会社によって変わります。

すべての企業に共通して使えるモノサシもないわけではありませんが，**当該企業の事業内容，運営形態，規模その他によって，モノサシを使い分けた方が良い場合もある**のです。

小売業などのように日銭が入る業種と，建設業のように請負契約の完了に長い年月を要する業種とでは，資金状態の判断基準が異なって当然です。あるいは，電力会社や石油化学会社など多額の固定資産投資が必要な業種と，人材派遣業やコンサルティング業など少額の固定資産投資で済む業種では，財政状態の判断基準が異なります。

また，同じ業種の製造業でも，「ファブレス」（自社工場をもたずにすべて外注生産を行う業態）を基本とする企業と，一から十まで自社工場で生産を行う企業の生産性を同じ基準で判断することはできません。

さらに，企業の規模や株式公開をしているか否かによっても，重視すべき指標に違いが生まれます。「株主重視」といっても，日本のみならずニューヨークでも上場している国際企業と，会社のオーナーが社長を兼ねる未上場の零細企業とでは，ROE（株主資本利益率）のもつ意味合いは変わります。

当該企業の事業内容，運営形態，規模その他の客観的条件を見極めつつ，当該企業にもっともふさわしいモノサシの選択が必要になることを忘れないようにしたいものです。

モノサシは常に進化する

モノサシは常に進化します。

本書の冒頭でも触れたとおり，日本では「キャッシュ・フロー」が定着してきましたが，米国などでは既に次の段階に移っています。キャッシュ・フローが軽視されているわけではありませんが，次々と新しいモノサシが開発され，先端企業が採用を始めています。

日本でもかつて経済が右肩上がりで成長していた頃，市場占有シェアや売上規模，利益額を示す指標が重視された半面，資本効率を示す指標は軽視されていた時期もありました。経済全体の規模が拡大している間は多少高めの利息率で負債を増やしても，結果的に負債の調達コストを上回る利益が比較的容易に確保できたため，資本の投下効率に目がいきにくい面がありました。むしろ，「成長のチャンスを確実にものにしているかどうか」に目がいっていたわけです。

しかし，その後売上高や資産の伸びはそれほど低下しない一方で，利益率が鈍化し始めると，日本企業の負債比率の悪化が進みました。同時に，石油ショックにもたらされた高金利は多くの経営者に借金過多経営の危うさを痛感させ，有利子負債の圧縮，総資産の圧縮が大きな課題になりました。こうした状況に立ち至ってようやく投下資本効率が見直されるようになったのです。このように，**経済や社会の変化とともに，重視されるモノサシ（経営指標）は変わります。時代の移り変わりとともに常に進化する**わけです。

第6章

投資尺度としてのキャッシュ・フロー

経営指標が変われば投資尺度も変わる

これまで度々指摘してきたキャッシュ・フローの信頼性の高さは，それが投資尺度としても利用価値が高いことを意味します。

前章でキャッシュ・フローが経営指標として重視されるようになった点を指摘しました。これは，とりもなおさず会社が目指す計数目標の中心にキャッシュ・フローが位置づけられることを意味します。**会社が実現しようとする計数目標としてキャッシュ・フローに重きが置かれれば，会社が手がける個々の投資案件の評価においてもキャッシュ・フローに重きがおかれるのは当然のこと**です。会社全体の業績や財政状態といっても，結局はこうした個々のプロジェクトの積み重ねだからです。

会社が目指す計数目標の中心に利益がおかれていた頃は，当然のことながら個々の投資案件の評価においても，その案件が生み出す利益が重視されました。ところが，ここへ来て会社が実現しようとする計数目標が変化したことにより，投資案件の評価尺度も変わりつつあるわけです。**経営指標が変われば投資尺度も変わる**のです。

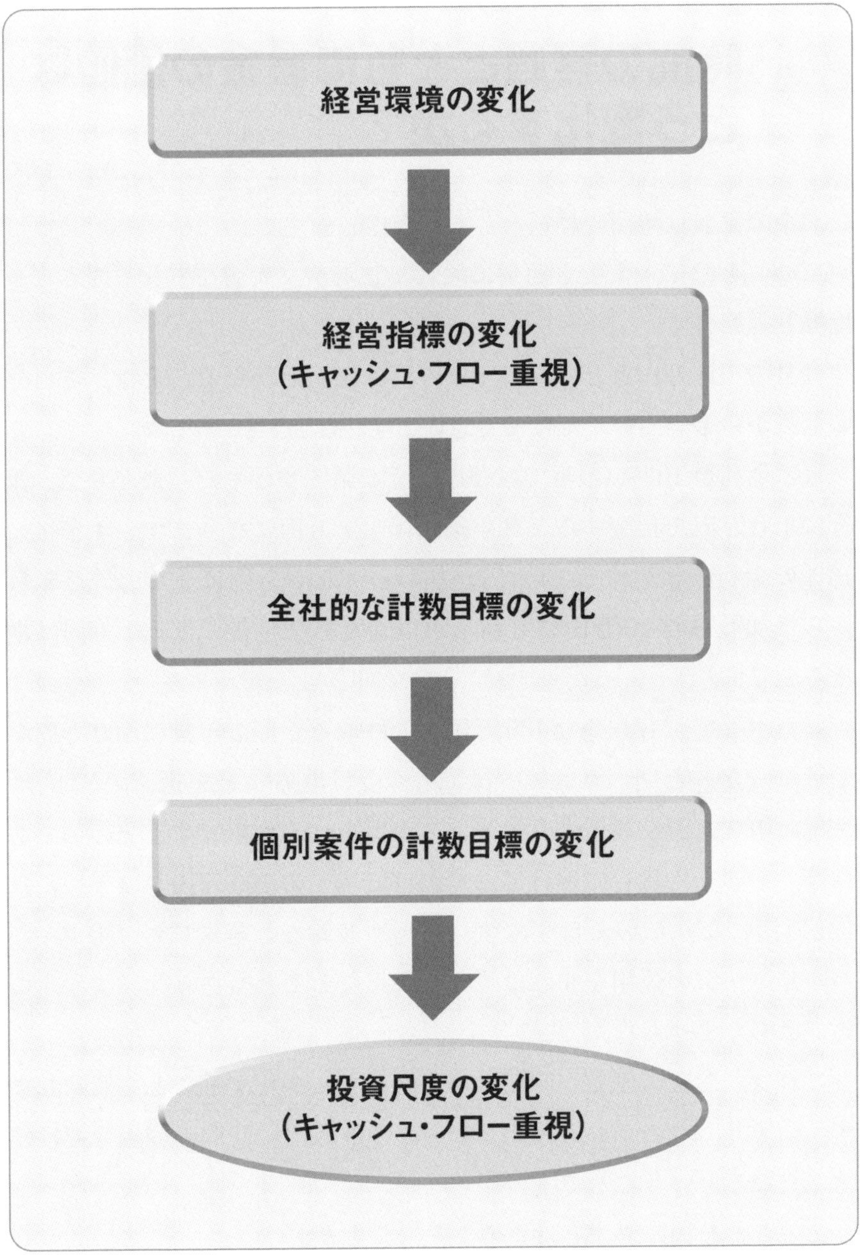
経営環境の変化
経営指標の変化
（キャッシュ・フロー重視）
全社的な計数目標の変化
個別案件の計数目標の変化
投資尺度の変化
（キャッシュ・フロー重視）

時間の経過とともにお金の価値はどう変化するか？

お金の価値は時間の経過とともに変化します。

このことは第１章でも簡単に触れましたが，大切な点なのでもう一度繰り返します。

今日の100万円と２年後の100万円は価値が異なることは，ご自分の経験からも実感いただけると思います。

仮に金利が10%（最近では夢のような話ですが）だったとして，銀行に100万円を預金すると２年後には121万円になります。１年後に10%の金利に相当する10万円が加わって110万円になると，２年目からは加わった10万円にも利子がつくため２年後には121万円に増えるのです。

したがって，もし「今100万円を受け取るか，２年後に100万円を受け取るか」と問われれば，誰でも今受け取ることを選ぶでしょう。２年間100万円を運用するチャンスが得られるからです。先の例であれば，そのまま銀行に預けておくだけで手元の100万円が２年後には121万円になっているはずです（競馬や競輪など極端にハイリスク・ハイリターンの運用をすれば違う結果になることもありえますが，ここでは考えません)。

これは，お金の価値が時間の経過とともに変化することを意味します。つまり，今の100万円と２年後の100万円は時間の経過分だけ価値が異なるということです。

このことを図に表すと次頁のようになります。

「減損」とは資産価値の減損のことです。有形固定資産，無形固定資産にかかわらず，資産が劣化したり，企業にキャッシュ・フローを十分にもたらさなくなった場合に，バランスシート上の資産残高を実態の水準まで引き下げる規定です。言ってみれば，バランスシート上の「含み損」（バランスシートの「穴」などとも表現されます）をなくす規定です。

以前は資産の「評価減」の認定にあたって，物理的損傷や経済的陳腐化といった点が判断の基準になっていました（といっても日本では，実務上「評価減」を適用することは非常に少なかった）。

減損会計では，資産に減損が生じているかどうかの認定にさいし，当該資産のもたらすキャッシュ・フローが鍵を握ります。細かい規定は省略しますが，要するに将来にわたって当該資産がもたらすと思われるキャッシュ・フローを見積もり，これに「時間の経過による価値変化分」を織り込んで資産価値（「使用価値」といいます）を算出するのです。この価額が現在の簿価を下回っていれば，「減損」が生じている（「含み損」が生じている）と見なし，資産の価額を実態水準まで引き下げます。

いずれにせよ，会計ルールにおいても「時間の経過による価値の変化」を考慮することは常識になりました。

どんな計画も時間軸に照らして

環境変化のスピードが早い時代には特に重要な点です。

環境変化が早いということは，昨日まで正しかった前提条件が明日には正しくなくなる可能性が高いということです。インターネットをはじめとする通信・情報技術の飛躍的な発展により，この傾向は一層強まっています。地球はますます狭くなり，国境などの物理的制約や時間的な制約は形骸化しつつあります。24時間休むことなく瞬時のうちに情報が地球上を駆けめぐり，次々に新たなビジネスチャンスが生まれています。

が，この事実は一方で，瞬時のうちにビジネスチャンスが失われる可能性があることも意味します。昨日までの勝者が今日は一転敗者になったり，逆に昨日までの敗者がある日突然勝者になることもありえるわけです。何人たりとも勝利に安住できる保証はないのです。

こうした環境下にあっては，どんなビジネスプランであっても時間軸に照らしてその是非や良否を判断することが不可欠です。技術革新のペースや，それに伴う競争要件の変化の速度がゆっくりしていた時代には，収益性計算の前提や枠組みさえ細かくチェックすれば事足りた面もありました。が，**これからは戦略の中身もさることながら，時間軸に照らした戦術が重要**になります。どんな立派な計画でも，実現までにかかる時間が長すぎたのでは意味がない場合もあるのです。

投資利回りの計算にキャッシュ・フローと「時間の経過による価値変化」を織り込むのは，こうした事情とも無関係ではありません。**「時間」がビジネスの鍵を握る**のです。

考え方の基本をまず理解する

「考え方」といっても難しいことは何もありません。

その基本は，これまで繰り返し説明したことの中に集約されているからです。要するに，**投資しようとする案件が将来にわたってもたらすキャッシュ・フローを見積もって，それに「時間の経過による価値の変化分」を織り込む**だけのことです。

投資の対象が企業であれ，工場であれ，新規ビジネスであれ，考え方の基本はまったく同じです。資本コストをどう捉えるか，時間の経過による価値の変化を算出するさいの割引率をどう設定するか，といった若干の応用動作が必要なだけです。

本来は応用動作でしかない枝葉末節の部分に目を奪われて，「投資尺度としてのキャッシュ・フロー」を必要以上に難しく考えている人を見かけることがありますが，幹の部分と枝葉の部分をきちんと整理すれば極めて単純な話です。

大切なのは「考え方の基本」を理解することです。

鍵を握るディスカウンテッド・キャッシュ・フロー

ディスカウンテッド・キャッシュ・フロー（Discounted Cash Flow）が「なぜ鍵を握る」のか？

これまで説明してきた内容を体現するキャッシュ・フローだからです。つまり，**将来にわたってもたらされるキャッシュ・フローに「時間の経過による価値変化分」を織り込んだのが，ディスカウンテッド・キャッシュ・フロー**なのです。

ここで使われる英語の「Discount」は,「割り引く」という意味です。「数年後のキャッシュ・フローが現在どれだけの価値があるか」を算出するさい市場の利子率で割り戻すわけですが，この「割り戻す」作業のことを「Discount」と表現するのです。実際にはキャッシュ・フローが「割り引かれる」ため，受動態の「Discounted」という表現になっていますが……。

次頁の例で具体的に考えてみましょう。

仮に市場利子率が10%だったとすると，現在の100万円は１年後に110万円（100万円×１.１）になり，２年後には121万円（110万円×１.１）になります。これは，（この環境において）現在の100万円と１年後の110万円，現在の100万円と２年後の121万円が同じ価値であることを意味します。

これを逆に考えれば，１年後の110万円は現在の100万円に相当し，２年後の121万円が現在の100万円に相当することになります。つまり，１年後に得られる110万円のキャッシュ・フローを現在の価値に焼き直す場合には110万円を1．1で割り，２年後に得られる121万円のキャッシュ・フローを現在の価値に焼き直すには121万円を1.21で割れば(いったん1．1で割って，もう一度1．1で割っても同じこと）よいわけです。

これこそが，1年後のキャッシュ・フローを現在価値にDiscount（割り引く）作業であり，２年後のキャッシュ・フローをDiscountする作業なのです。この場合の100万円は，１年後の110万円のディスカウンテッド・キャッシュ・フローであり，２年後の121万円のディスカウンテッド・キャッシュ・フローということになります。

ディスカウンテッド・キャッシュ・フローのイメージ

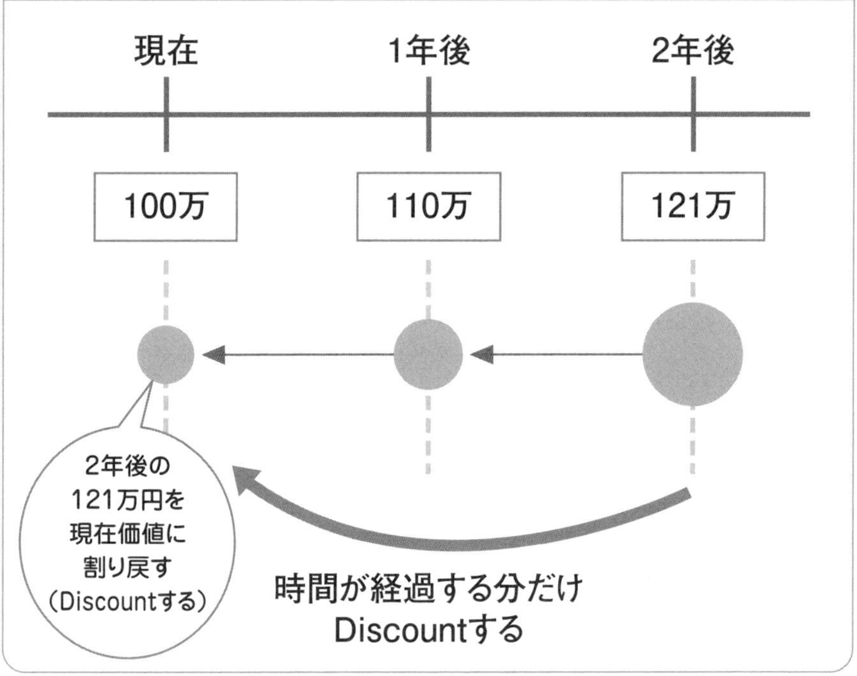

ディスカウンテッド・キャッシュ・フローをどう応用するか？

これまでの説明で，将来のキャッシュ・フローを現在の価値に置き換える作業の基本はご理解いただけたと思います。ディスカウンテッド・キャッシュ・フローの基本です。

次に，この応用動作を考えます。

複数の年にまたがるキャッシュ・フローを現在価値に焼き直す作業です。将来のある時期に１回こっきりキャッシュ・フローの流入がある場合には，これまでの考え方だけで問題ないのですが，実際の投資活動においてはキャッシュ・フローの流出入が複数年に跨ることの方が一般的です。ここではこの場合のディスカウンテッド・キャッシュ・フローの算出方法を確認します。

といっても，考え方の基本はまったく同じです。

キャッシュ・フローを現在価値に焼き直す作業を年度ごとに分けて行うだけのことです。年度ごとに焼き直したキャッシュ・フローを最後に合計すればよいのです。

次頁の例にあるとおり，１年後，２年後，３年後の３回にわたって毎年133.１万円のキャッシュ・フローがあったとしたら，そのキャッシュ・フローを合計した額の現在価値はいくらになるでしょう？

計算を単純にするため，この場合も市場の利子率は10％とします。１年後の133.１万円は１.１で割り戻すことにより，現在価値121万円が求められます。２年後の133.１万円はこの作業を２回繰り返す，すなわち１.１で割り戻す作業を２回繰り返すことにより，現在価値110

万円が求められます。3年後の133. 1万円も同様に，1．1で割り戻す作業を3回繰り返すことにより，現在価値100万円が求められます。

後はこれら三つを合計するだけのことです。121万円，110万円，100万円のそれぞれを合計した331万円です。この金額と133. 1万円を単純に合計した399. 3万円の差額が，時間の経過による価値変化分になるわけです。

ディスカウンテッド・キャッシュ・フローを応用する

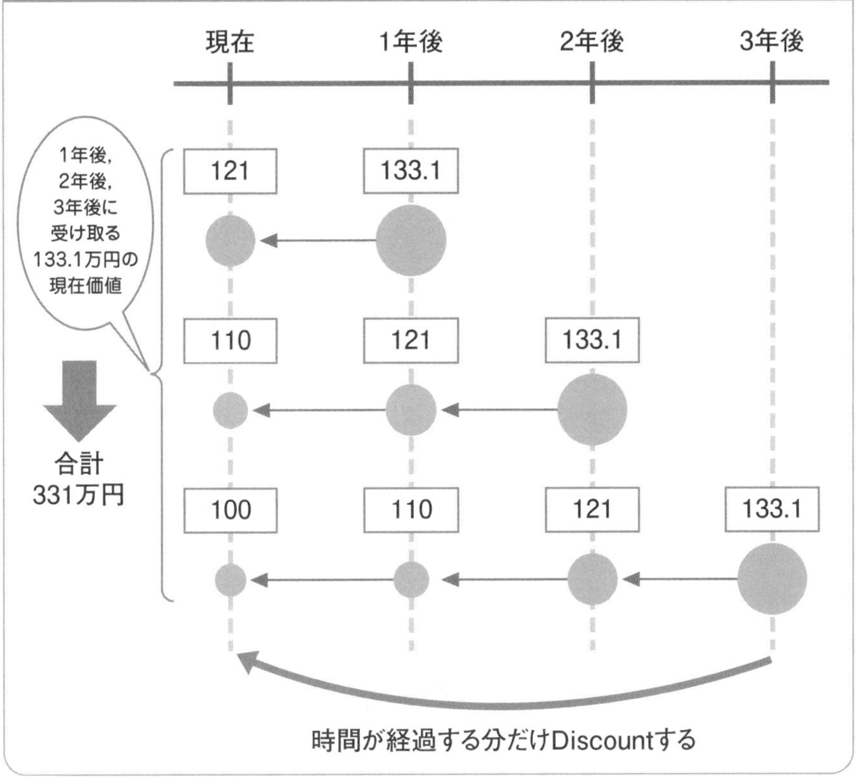

投資案件の評価

これまで学んだ知識をもとに，次頁の例で投資案件を実際に評価してみましょう。

これは，ある年に500万円で機械を購入し，翌年から製品を作って販売するという投資案件の評価です。機械を購入した年は購入代金500万円と運転資金200万円がキャッシュで流出します。したがって，キャッシュ・フローは700万円のマイナスです。

翌年から５年目にかけて次頁のように製品の売上が見込めるとすれば，翌年から５年目まではキャッシュ・フローがプラスに転じます。キャッシュ・フローの算出は，第５章で解説した手法で税引後利益から逆算しています。

これに「時間の経過による価値の変化分」を加味するため，それぞれの年度のキャッシュ・フローを現在価値に焼き直します。ここでは10％の割引率を使って焼き直しています。次頁表の下から２段目です。一番下の段がその累積額です。５年経過した時点で機械の残存価額（50万円）が存在していますが，第三者に売却することは考えない前提としています。

現在価値の累積額が３年目でプラスに転じていますので，この投資案件は投資額の回収に３年かかることになります。もちろん，売上や費用がすべて条件通りになることが大前提ですが……。

このような形で投資が生み出すキャッシュ・フローを検証することにより，投資がもたらす利益額や利益率とは違った視点から投資の採算性，投資がもたらす成果の検証が可能となるのです。

第7章

キャッシュ・フロー計算書

「自分には縁がないもの」と決めつけるな！

時折こんな声を耳にします。「キャッシュ・フロー計算書という名前は知ってるけど，自分の会社は上場会社じゃないから関係ないよ。」

本当でしょうか？

イエスとも言えますが，ノーとも言えます。

確かに，ルール上は当面イエスです。日本では，2000年3月期から金融商品取引法の規制を受ける会社（主に株式を公開している会社や，社債などの発行により資本市場から一定額以上の資金調達を行った会社）に，キャッシュ・フロー計算書の導入が義務づけられています。したがって，株式を公開していない中小企業や零細企業は，（法律上は）作成を義務づけられているわけではありません。

では，今後も中小企業や零細企業はキャッシュ・フロー計算書と無縁であり続けられるのでしょうか？

ノーと言うべきでしょう。

キャッシュ・フロー計算書が必要とされるのは，必ずしも法律面からとは限らないからです。もともと，キャッシュ・フロー計算書が導入された背景には，投資家や債権者など外部の利害関係者の間で「企業の資金状態を的確につかみたい」というニーズの高まりがありました。企業活動の実態を把握するうえで従来の財務諸表だけでは不充分だったわけです。作成する手間その他，企業側の負担等への配慮もあり，株式を公開しているような大企業だけに作成が義務づけられたにすぎません。**本来はだれもが知りたいと思っている情報**なのです。私が銀行マンなら，キャッシュ・フロー計算書の作り方を教えてでも中小企業に作るよう求めます。利益という経営者の「見解」とキャッシュという「事実」の関係を知りたいからです。

特に，バブル崩壊後の景気低迷が長く続き，景気の先行きへの不安が根強い日本では，業績が悪化した多くの企業が資金を重視した経営への舵取りを行わざるをえませんでした。そのため，資金状態に関する情報はますます重みを増してきました。

したがって，法律的な決まりとは別にキャッシュ・フロー計算書の作成が求められる場合は充分ありえます。先に挙げた金融機関から融資を受けるさいに，その作成を求められるといったケースです。

自分が投資家の立場になった時のことを考えてみてください。自分のお金を特定の企業に投資すべきかどうかの判断を迫られた時，できることなら資金の状態に関する詳しい情報が欲しいと思うはずです。

貸借対照表の情報と損益計算書の情報を組み合わせれば，キャッシュ・フロー計算書の情報に近いものは作れます。従来の資金運用表や資金移動表がその例です。しかし，情報を開示する主体である企業がまとめてくれたものがあれば，Ｐ／Ｌ利益とキャッシュ増加の差額を時系列にみれば多くの情報が得られます。

これが，冒頭の疑問の答えがイエスでもあり，ノーでもあると申し上げた理由です。

会計の世界もグローバル・スタンダードの例外ではない

そもそも，なぜ「キャッシュ・フロー計算書」なるものが導入されることになったのか？

このことについて考えてみます。

キャッシュ・フロー計算書の導入も含め，1990年代後半からの「会計ビッグバン」と呼ばれる一連の会計制度改革により，日本の会計基準が大きく変更されました。会計基準の変更は収益認識の基準など今でもさかんに行われています。この背景には，**内容的に米欧の基準との隔たりが大きくなった日本の母国基準を，国際的な統一基準へ近づける必要が高まってきた**ことが挙げられます。そのため，現在では，一部の会計処理を除いて，統一基準との間で大きな差は見られなくなってきました。

国際的な統一基準とは，IASB（国際会計基準審議会）が取りまとめているIFRS/IAS(国際会計基準)のことです。さらに欧州連合(EU)諸国は2005年から域内の上場企業に対して，国際会計基準の採用を義務づけました。また，IFRSと隔りが大きくない現在の日本の会計基準は，EUで資金調達をする上記国際会計基準と同等の会計基準と認められています。

また，日本の上場企業は連結財務諸表の作成においてIFRSを選択することも可能です。

地球規模で進む規制緩和の恩恵もあって，ヒト・モノ・カネの動きは国境を越えてますます自由にますます活発になっています。ヒト・

モノ・カネが国境を越えて自由に動きまわるようになると，従来のように国ごとに設けられたルールや基準はそれらの行き来の障害になります。共通ルールや基準がないと不便であるばかりか，経済の実態にもそぐわないわけです。

早くから世界標準作りが進められてきた産業界のISOに代表されるように，近年あらゆる分野でグローバル・スタンダード化が叫ばれていますが，会計の世界もその例外ではないということです。

情報開示ルールがもっとも厳しい米国基準は無論のこと国際会計基準も日本基準も，キャッシュ・フロー計算書を貸借対照表や損益計算書と並ぶ基本財務諸表のひとつとして位置づけ，監査の対象に指定しています。つまり，企業の実態を公表するさいには，**財政状態（貸借対照表）や損益の状態（損益計算書）と併せて，資金の状態（キャッシュ・フロー計算書）の開示が不可欠**であると判断しているわけです。

キャッシュ・フロー計算書のルールにおいても日本も世界的な流れに合流したと言えます。

ちなみに，これまでの会計制度改革にはキャッシュ・フロー計算書の導入以外にも，連結財務諸表中心のルールへの移行，特定の金融商品についての時価会計への移行，税効果会計，退職給付会計，企業結合会計，減損会計，収益認識会計，リース会計など，会計基準の国際的調和を進める内容が数多く含まれてきました。

財務諸表の３本目の柱になる

これまで日本の財務諸表は貸借対照表と損益計算書の２本柱で構成されていました。企業の財政状態を示す表と，経営成績（期間損益の中身）を示す表による２部構成だったわけです。

これにキャッシュ・フロー計算書が加わることにより，日本の財務諸表も３部構成になりました。企業の資金状態を示す表が３本目の柱となるのです。

正式な財務諸表ですから監査の対象にもなります。資金の状態を適正に表示しているかどうかを公認会計士にチェックされるわけです。

米国基準や国際会計基準でもキャッシュ・フロー計算書は正式な財務諸表となっており，これで日本の財務諸表も国際的にも遜色がなくなったと言えます。

これまで「財政状態」という縦軸と「損益状態」という横軸で構成される２次元平面画像だったのが，「資金状態」という高さ軸が加わることで３次元立体画像に進化したことになります。

従来は２次元平面画像を立体画像にするため，貸借対照表と損益計算書を組み合わせて資金運用表や資金移動表という表を作る必要がありました。が，現在は情報を開示する主体である企業側が資金状態を示す正式な財務諸表を用意してくれることになったわけです。

2次元平面画像から3次元立体画像へ

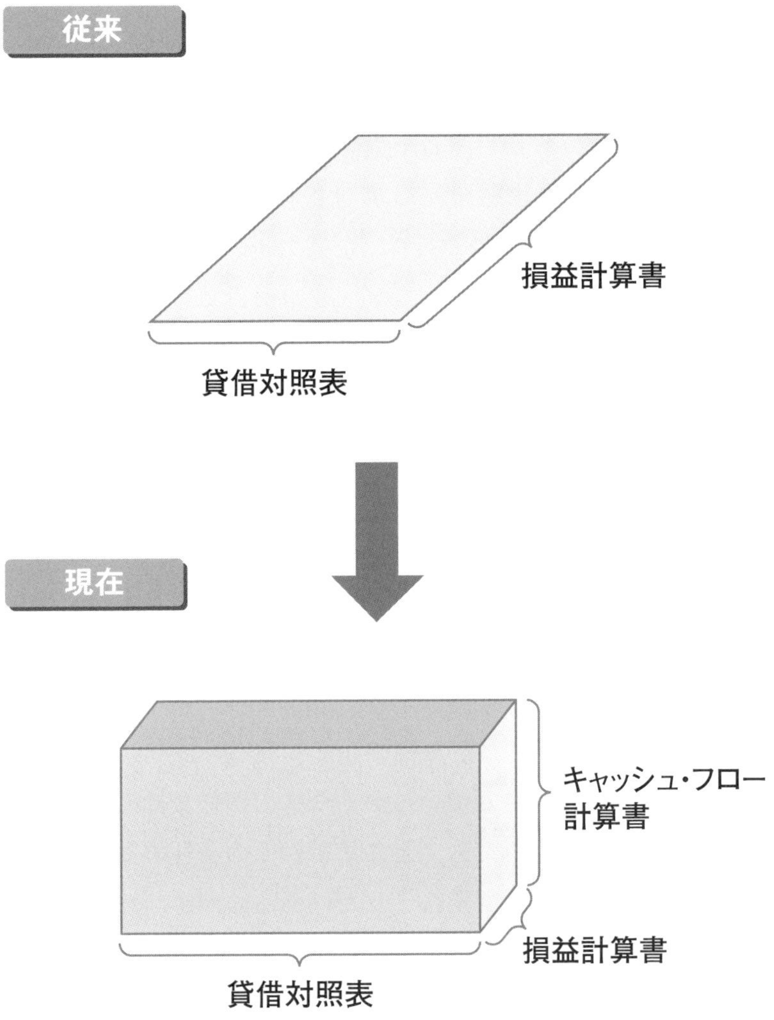

連結ベースで捉えることでより価値が増す

キャッシュ・フロー計算書は，単独決算ベースでも連結決算ベースでも作成可能です。貸借対照表や損益計算書とまったく同じです。

親会社単独の資金状態を見る場合には単独決算ベースのキャッシュ・フロー計算書が必要であり，企業グループ全体の資金状態を見る場合には連結ベースのキャッシュ・フロー計算書が必要になるだけのことです。

しかし，昨今のように企業活動がグローバル化する中にあって，ひとつの企業が単独で事業を行うのでなく複数の会社が企業グループを形成して活動することが一般的になってくると，単独のキャッシュ・フロー計算書だけを見ていてもその実態はわかりません。個々の企業の活動はグループとしての幅広い活動のごく一部にすぎず，そのキャッシュ・フロー計算書も経済活動のごく一部しか反映していないわけです。

これは貸借対照表や損益計算書でもまったく同じです。

親会社によって支配されているいくつもの関係会社の中から特定の１社だけを取り出してみても，どこまでがその会社の真の資産であり負債なのか，真の収益や費用はどれだけあるのかを判然とさせるのは困難です。

企業グループの財務諸表を連結させて見る必要があるのは，こうした事情が背景にあるのです。この点，導入されたキャッシュ・フロー計算書は連結ベースが基本となっており，時代の流れを反映した内容となっています。

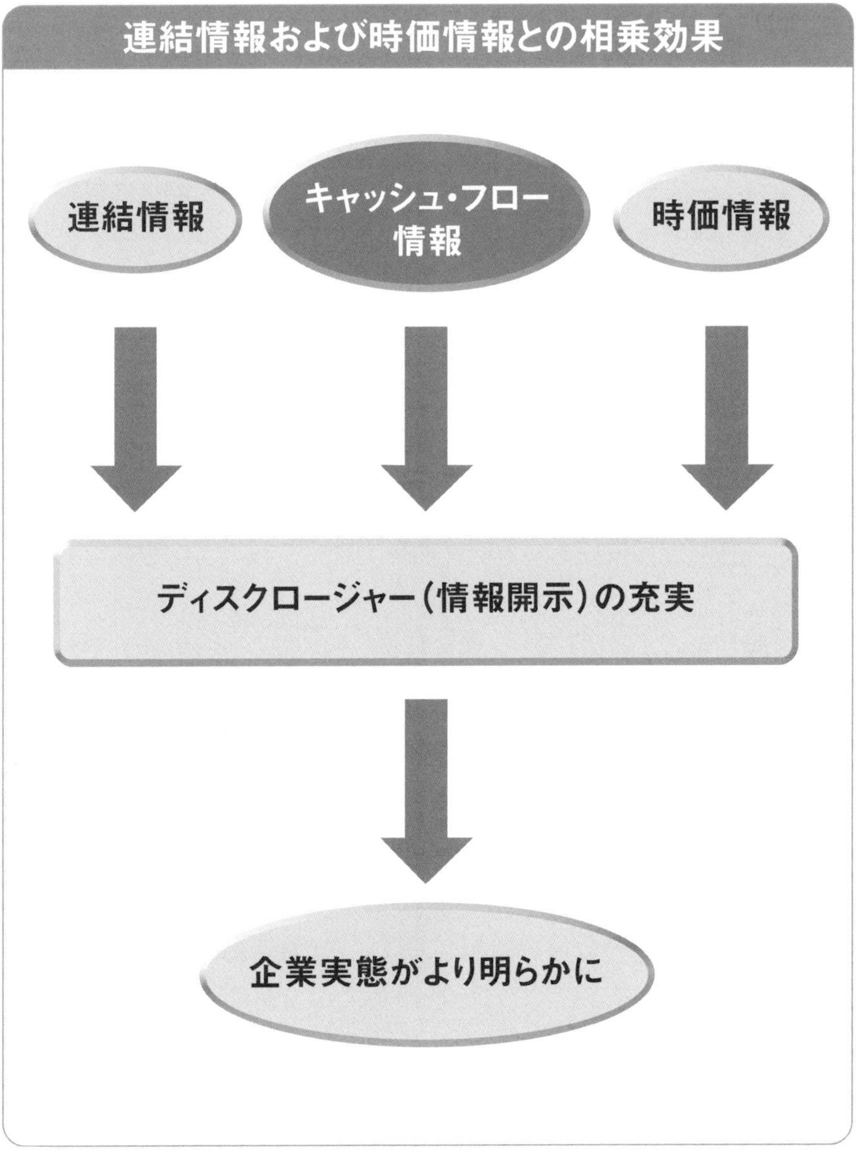
連結情報および時価情報との相乗効果
連結情報
キャッシュ・フロー情報
時価情報
ディスクロージャー（情報開示）の充実
企業実態がより明らかに

キャッシュ・フロー計算書の基本構造

キャッシュ・フロー計算書の構造はとてもシンプルです。

資金（キャッシュ・フロー）の動きが外部の人にも簡単に把握できるよう工夫されています。わかりやすさの秘密はキャッシュの色分け（区分）にあります。第３章でも説明したとおり，キャッシュ・フローにも性格があり，この性格ごとに分けてその動きを見た方が大きな流れがつかみやすいのです。

資金繰り表を「経常収支」「資本収支」「金融収支」の三つに分けて作成するのも，同じような理由によります。出入りのあったキャッシュ・フローの性格によって区分表示することにより，企業の資金管理活動の実態を見やすくするのです。

資金繰り表の「経常収支」「資本収支」「金融収支」は，それぞれ「経常的な営業活動によるキャッシュ・フローの対応関係」「投資活動など間接的にしか損益計算に反映されないキャッシュ・フローの対応関係」「借入金の返済や調達など財務的な活動におけるキャッシュ・フローの対応関係」を示すものでした。

キャッシュ・フロー計算書の場合も，これに近い考え方でキャッシュ・フローを三つに区分表示します。**「営業活動」「投資活動」「財務活動」の三つ**です。

詳しくは後述しますが，簡単に言えば，本業でどのぐらいキャッシュ・フローを稼ぎ出し，そのうちどのぐらいのキャッシュ・フローを将来の成長のために先行投資し，残ったキャッシュ・フローをどのように使っているか（株主への配当や，財務体質改善のため借入金の返済など），逆に営業活動や投資活動で資金が不足した場合には，不足額をどのように調達したかが，一目瞭然になるよう区分表示しているのです。

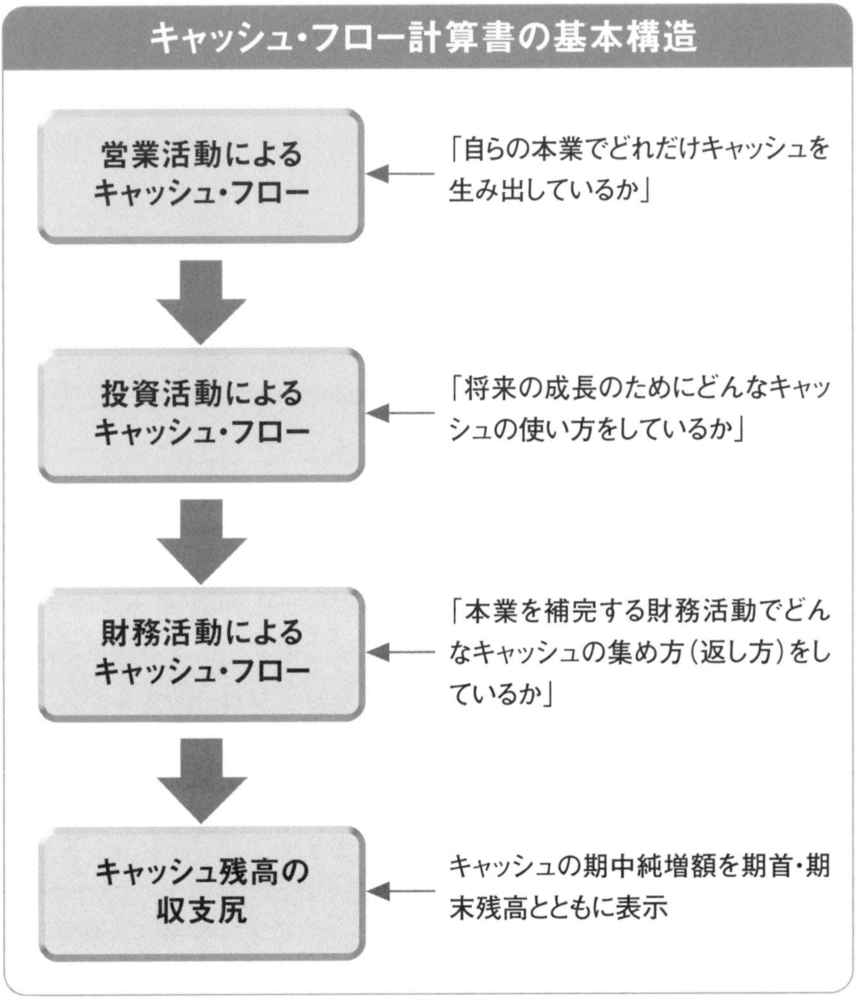

直接法と間接法

キャッシュ・フロー計算書の三つの区分のうち，投資活動によるキャッシュ・フローと財務活動によるキャッシュ・フローは表示方法が一通りしかないのですが，営業活動によるキャッシュ・フローだけは二つの表示方法が認められています。**直接法と間接法**です。

直接法は，その名のとおり営業活動でのキャッシュによる収入とキャッシュによる支出をすべて集計し，その収支を表示する方法です。極めてシンプルな方法ですが，この方法を採用している企業はめったにありません。直接法を採用すると，主な取引ごとに，キャッシュによる収入と支出のデータを準備する必要があり，実務上，間接法よりもかなり手間がかかります。そのため，ほとんどの企業が間接法を採用しています。

間接法は，その名のとおり営業活動でのキャッシュ・フローを間接的に表示する方法です。基本的な考え方は，第５章で説明したキャッシュ・フローの算出方法とまったく同じです。つまり，**利益を起点に，非資金費用の効果や，バランスシートの残高の変化による効果を加味することにより，営業活動からのキャッシュ・フロー収支を逆算する**のです。第５章で説明したキャッシュ・フロー算出の理屈が完全に理解できていれば，間接法で作られたキャッシュ・フロー計算書の営業活動の部分を見るだけでピンとくるはずです。

次頁に掲げた雪印メグミルク株式会社の「営業活動によるキャッシュ・フロー」欄（間接法）で確認してみてください。

シュ・フロー」に区分する。

② 受取利息および受取配当金は「投資活動によるキャッシュ・フロー」に区分し，支払利息および支払配当金は「財務活動によるキャッシュ・フロー」に区分する。

連結キャッシュ・フロー計算書

（単位：百万円）

	前連結会計年度 (自　2018年4月1日 至　2019年3月31日)	当連結会計年度 (自　2019年4月1日 至　2020年3月31日)
営業活動によるキャッシュ・フロー		
税金等調整前当期純利益	15,273	16,885
減価償却費	15,901	16,157
減損損失	1,690	576
持分法による投資損益（△は益）	△ 961	△ 1,085
のれん償却額	—	92
貸倒引当金の増減額（△は減少）	△ 256	△ 86
賞与引当金の増減額（△は減少）	△ 215	221
退職給付に係る資産の増減額（△は増加）	△ 642	△ 341
退職給付に係る負債の増減額（△は減少）	224	249
ギフト券引換引当金の増減額（△は減少）	△ 101	△ 9
固定資産除売却損益（△は益）	1,191	1,704
受取利息及び受取配当金	△ 773	△ 758
支払利息	488	346
売上債権の増減額（△は増加）	△ 5,545	3,271
たな卸資産の増減額（△は増加）	△ 2,187	△ 2,864
仕入債務の増減額（△は減少）	△ 399	△ 3,422
その他	1,780	△ 4,024
小計	25,468	26,911
利息及び配当金の受取額	1,086	1,039
利息の支払額	△ 444	△ 388

法人税等の支払額	△ 4,171	△ 3,239
営業活動によるキャッシュ・フロー	21,938	24,322
投資活動によるキャッシュ・フロー		
定期預金の預入による支出	△ 22	—
定期預金の払戻による収入	502	50
貸付けによる支出	△ 177	△ 66
貸付金の回収による収入	91	44
有形及び無形固定資産の取得による支出	△ 15,881	△ 16,705
有形及び無形固定資産の売却による収入	84	100
投資有価証券の取得による支出	△ 258	△ 109
投資有価証券の売却による収入	1,036	123
その他	376	△ 67
投資活動によるキャッシュ・フロー	△ 14,248	△ 16,629
財務活動によるキャッシュ・フロー		
短期借入金の純増減額（△は減少）	△ 3,043	△ 523
長期借入れによる収入	11,972	920
長期借入金の返済による支出	△ 22,052	△ 3,226
社債の発行による収入	9,936	—
自己株式の取得による支出	△ 300	△ 19
配当金の支払額	△ 2,711	△ 2,708
非支配株主への配当金の支払額	△ 2	△ 2
その他	△ 1,195	△ 1,091
財務活動によるキャッシュ・フロー	△ 7,396	△ 6,651
現金及び現金同等物に係る換算差額	△ 65	9
現金及び現金同等物の増減額（△は減少）	227	1,052
現金及び現金同等物の期首残高	14,076	14,303
新規連結に伴う現金及び現金同等物の増加額	—	168
現金及び現金同等物の期末残高	14,303	15,524

（出典：雪印メグミルク株式会社HP）

まずは「読める」ことを目標に

これは他の財務諸表にも言えることですが，まずはキャッシュ・フロー計算書が「読める」ようになることです。経理部に勤務する人でない限り，通常はそれで充分だからです。

自社のキャッシュ・フロー計算書を経営の舵取りの羅針盤のひとつとして利用する場合でも，買収の候補にあがっている会社の資金状況を検討する場合でも，投資家として株式を保有している会社や，保有することを検討している会社の資金状態を見る場合でも，キャッシュ・フロー計算書を「読む」ことができれば不自由を来たしません。

そのためには，まずキャッシュ・フロー計算書の基本構造を理解することです。全体像をつかむのです。

そして，キャッシュ・フローの三つの区分をしっかり理解すれば充分です。

これだけを押さえたら，あとはできるだけ多くの現物にあたることです。キャッシュ・フロー計算書に「慣れる」のです。これも，他の財務諸表を習得する時とまったく同じです。ある程度の基本を押さえたら，できるだけ多く現物にあたってその特徴を肌で感じることが大切です。

それにより，業界ごとの一般的な傾向や企業規模の大小による特殊要因など，（一般論に偏りがちな）書物では学べないことも自然と身につくものです。三つに区分されたキャッシュ・フローの細かい中身なども，「読む」ようになれば自然と疑問が湧いてきて調べたくなるものです。その時初めて，解説書に立ち返って確認すればよいのです。

現物を目にする前に解説書を読んだ時には頭の中をすり抜けたような内容も，現実に疑問を感じて調べた場合には確実に頭の中に残るものです。その時には一般論でなく具体論になっているからです。

「習うより慣れろ」です。僅かでも輪郭がつかめたら，どんどん実際のキャッシュ・フロー計算書を読んでみてください。決して複雑なものでないことがわかるはずです。

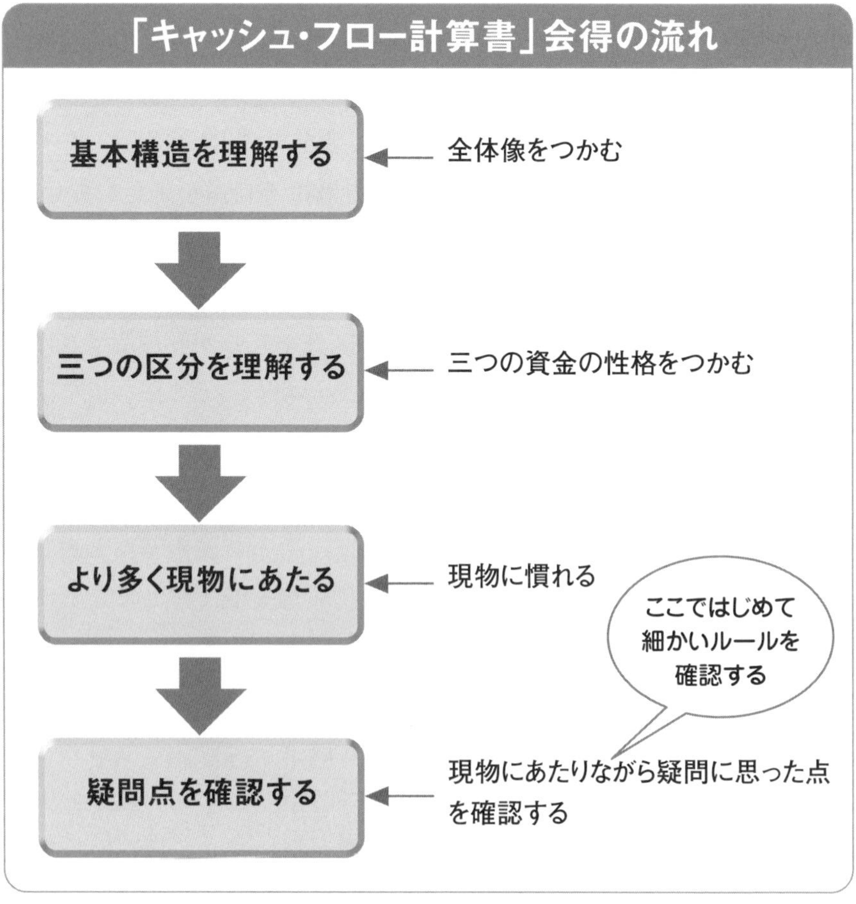

フリー・キャッシュ・フローとは？

これは本来，第５章で扱うべきテーマです。が，キャッシュ・フロー計算書の基本構造を理解した後の方がわかりやすいので，本章で取り上げることにしました。つまり，キャッシュ・フロー計算書の一部ではなく，経営指標としてのキャッシュ・フローの一形態です。

フリー・キャッシュ・フローのフリーとは，英語の　Free　であり「自由になる」といった意味です。つまり，「自由になるキャッシュ・フロー」といったイメージです。

問題は，「自由になるかどうか」をどう判断するか？です。この判断の仕方によって，フリー・キャッシュ・フローの定義はまちまちです。要するに，唯一絶対の定義はないのです。

一般には，「営業活動によるキャッシュ・フローから，**現在の事業基盤を維持するうえで必要となるキャッシュ・フロー**を差し引いた残り」を「自由になるお金」，つまりフリー・キャッシュ・フローと見なします。

ただし，ここで難しいのが，「どこまでを現在の事業基盤を維持するうえで必要となるキャッシュ・フローと見なすか？」です。

「投資活動によるキャッシュ・フロー」全体を指す場合が一般的ですが，「投資活動によるキャッシュ・フロー」のうち設備投資の総額を指す場合もあります。さらには，設備投資額のうち新規分野への投資を除いた額を使ったり，減価償却費相当額を使ったりする場合もあります。比較的簡単で客観的な数値が得やすいのは減価償却費相当額を使う方法です。が，設備の老朽化が著しいにもかかわらず新規投資を控えている場合や，インフレにより設備の代替費用が減価償却額に見合わない場合には，必ずしも実態を反映した結果にならないこともあります。

ただし，はっきり言えることは，どんな企業でも「**フリー・キャッシュ・フローが生まれてこなければ，将来の成長の芽を育てる投資活動はおろか，財務内容を現状以上に改善することができない**」ということです。現状の事業基盤を維持するので手一杯だからです。

こうしたことから，企業外部の人が経営指標として利用するにあたっては，分析の目的に応じて，いくつかのパターンで算出した結果を見比べながら目的にもっともかなった算出手順を選択するのもひとつの方法です。

「フリー・キャッシュ・フロー」のイメージ

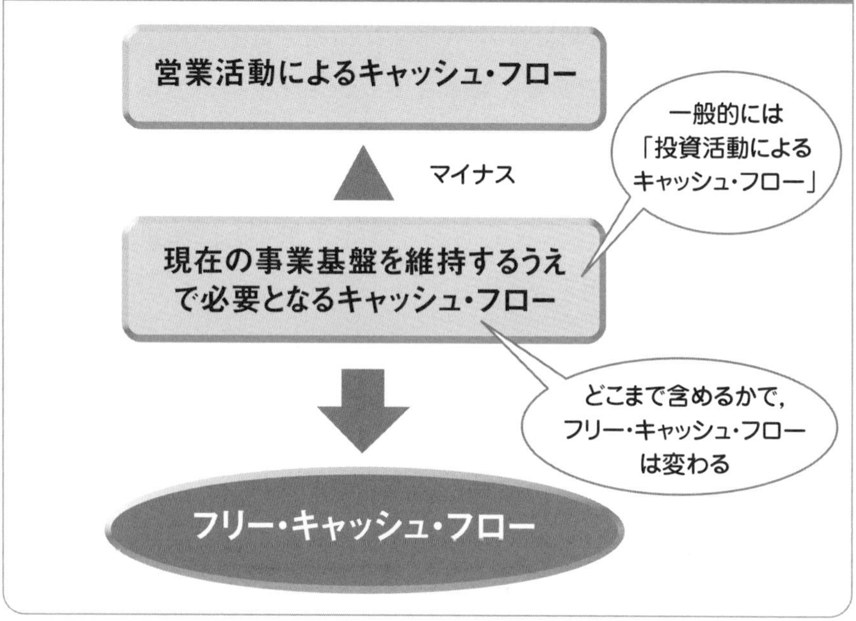

にメッセージを浸透させることも可能でしょう。

「管理の及ぶ範囲」を管理させる

「管理の及ぶ範囲」を管理させるよう配慮することも必要です。

管理の基本であり，当たり前のことです。**「管理の及ばない範囲」を管理させようとしても，できっこない**からです。

事業部の業績評価にキャッシュ・フローを利用するケースで具体的に考えてみましょう。第５章で説明したとおり，キャッシュ・フローを算出するうえで鍵を握る要素は三つありました。利益，非資金費用，必要運転資本の増減額です。

ある程度の規模の会社であれば，これら三つの要素について事業部ごとに分けて管理することはさほど難しくないはずです。が，**これら三つの要素すべてに事業部長の管理が及ぶとは限りません**。

利益ひとつをとっても，最終利益まで事業部長の管理が及ぶような組織になっているケースは非常に少ないはずです。営業利益まではある程度コントロールが及んでも，経常収支まで管理できるケースは少ないはずです。**金融収支を中心とする営業外収益は企業の体力，財務体質をストレートに反映するため，時々の事業部長がどうこうできるものではないことが多い**からです。

このような会社で，事業部の業績評価にキャッシュ・フローを活用する場合には若干配慮が必要です。教科書通りにキャッシュ・フローを計算して事業部の業績評価に使おうとしても，当の事業部長にしてみれば，「自分の管理が及ばない部分を含んだ指標で評価されたくない」という不満が残りかねないからです。

このような場合には，**キャッシュ・フロー算出の基礎に営業利益を使うのもひとつの方法です。できれば税引後の営業利益に調整することが望ましい**のですが，社内の管理体制がついていかなければ営業利益をそのまま使用しても一定の目的は達せられます。部門ごとの評価目的であれば，税金分は別途考慮することで対応可能だからです。

このように，キャッシュ・フローの活用の仕方は，会社の組織，権限と責任のあり方，鍵を握る費用科目，資産科目，負債科目等の違いにより，さまざまな形があっていいのです。大切なことは，**会社の目標を達成するうえで鍵を握る勘定科目を反映させられるような仕組みにすること，部門の責任者の「管理が及ぶ範囲」で管理させること**です。

目標は具体的に示さねばならない

目標は具体的でなくてはなりません。

具体的でないと,「お題目」で終わりかねないからです。キャッシュ・フローを中心とする会社の目標（経営指標）に対する理解を社内の隅々まで浸透させたとしても，**目標が具体的でなくては社内全体で的確な行動が起きません**。経営者や中間管理職の人間だけでなく，末端の社員まで含めて，同じ目標に向かって行動が起きなくては良い結果は得られません。むしろ，**日々の営業活動の中心となる末端の社員の理解こそ，もっとも大切**です。

いずれにしても，目標に向かって社内のベクトルをひとつに合わせ，会社の力がその方向に集約されなくてはならないのです。

目標の立て方は社内の階層に応じて変わるはずです。

たとえば，

- 末端の営業マンは，自分の担当地区の営業利益，売上債権について具体的な数字で目標が与えられる
- 課長職の場合には，部門の営業利益，売上債権に加え，部門の棚卸資産の増減まで含めて，具体的な目標が与えられる
- 事業部長は，上記に加えて店舗投資など設備投資まで含めて（減価償却費まで含めて）具体的な目標が与えられ，部門全体のキャッシュ・フローを管理する

といったことです。

コスト面からも，中小企業や零細企業の利用は容易ではありません。

にもかかわらず，新聞や雑誌などで話題に上ると「それを知らないと時代から取り残されるのではないか」とばかりに，多くの時間と労力をかけてその吸収に努めている経営者を見かけます。飽くまでも，参考として知っておく程度であれば差し支えありませんが，新しい経営理論や指標が話題に上るたびに，右往左往して地に足がつかない状態になるのはどんなものでしょうか。

そんな時間があったら，１件でも多くの得意先を回り，店舗に足を運ぶことの方がよっぽど会社のためになることもあるはずです。**いたずらに流行《はやり》の経営理論に振り回されることだけは避けたい**ものです。

その点，**キャッシュ・フローは活用の仕方さえ間違えなければ，中小企業や零細企業にもそれなりに利用価値があります**。基本をしっかり押さえて「身の丈に合った活用」を考えたいものです。

行動しなくては意味がない

これは何事にも言えることです。

能書きをたれるのは簡単ですが，実際にやることは簡単ではありません。しかし，**やってこそ初めて価値が生まれる**のです。

キャッシュ・フローでもまったく同じです。どんな精緻な理論を学んでも，それを実際の経営に活かせなければ意味がありません。本を読んで理論を学ぶことがゴールではありません。飽くまでもスタート地点に立ったにすぎないのです。

また，本書の中でも指摘したとおり，キャッシュ・フローの原理はとてもシンプルです。したがって，その理論を学ぶことは決して難しくありません。

難しいのは，それを「実際の経営に活かす」こと，「日々のオペレーションにどう落とし，どう継続させていくか」です。自分が頭の中で理解するだけでなく，関係するスタッフ全員が目標をきちんと理解し，同じ目標に向かって動き出さねば意味がありません。

目標の立て方，その浸透のさせ方は各社のおかれている状況によって千差万別，いろいろな方法が考えられるでしょう。**それぞれが自身の経営環境の中でもっとも適当だと思う方法を工夫すればよい**のです。現に私自身も，日々の仕事の中で試行錯誤を繰り返しながら悪戦苦闘しています。しかし，難しいからこそ挑戦のし甲斐があると思っています。

読者のみなさんも，「お題目」だけには終わらぬよう，自分の会社にもっとも合った利用の仕方を考え，実行してみてください。

初版あとがき

多くの方のご協力や励ましにより，新たな卵が無事生まれ落ちたことを嬉しく思います。

今回は，キャッシュ・フローを「お題目」に終わらせることなく，実際の経営活動や職場での仕事に活用できるような内容に仕上げることを，特に心がけました。理論を学ぶことはゴールでなく，スタート地点に立ったにすぎないからです。

また，多くの類書が暗黙のうちに大企業を前提とした内容になっている中で，本書は中小企業の視点を大切にしたつもりです。「身の丈に合った形で」活用すれば，キャッシュ・フローは中小企業にも大きな利用価値があるからです。

「テーマの本質をわかりやすく」という卵シリーズのイズム（独特のこだわり）は，いつものとおりです。筆者の意図するところが僅かでも現実のものとなれば，こんなに嬉しいことはありません。

毎度のことながら，本書の出版にあたっては数多くの方々のお力添えをいただきました。株式会社税務経理協会の取締役出版部長である川松和夫さん，編集部の大坪克行さんには特にお世話になりました。心より深謝申し上げます。

藤根孝紀さんには素晴らしいカバーデザインでこの卵をお包みいただきました。ありがとうございます。

また，現役のビジネスマンである私が執筆活動を続けられるのは，家族の深い理解と協力があってこそです。特に，親とのスキンシップがもっとも欲しい年頃であるにもかかわらず，私の我が儘を許してくれた長男の陽太郎，次男の敬次郎，そして常に暖かい眼差しで私の活動を支えてくれる妻の美江に，この場を借りて感謝します。

1999年2月

小　田　正　佳

改訂を終えて

改訂稿を編集部に手渡したとき，大坪克行社長から副題を含めた装丁の相談を受けました。初版以来20年余りの時を経て，小田さんの思いを蘇らせたいという相談です。

本書初版の副題は，小田さんのまえがきにも触れられている「入門書を読む前に読む本」でした。初版発行時は，キャッシュ・フローが大ブームとなり，入門書が乱立した時代です。その副題にはどの入門書よりも先に読んでほしいという小田さんの思いが込められていたと思います。

今はキャッシュ・フローについてもっと客観的に考えることができる時代になっています。以前の副題では，この本を読んでまだ入門書を読むの？という疑問に繋がりかねません。

小田さんならどう考えるか，一人でも多くの人に本書を届けたい，という思いに変わりはないと思います。会計が苦手な人でもキャッシュ・フローから入ることができるということから今回の副題，『「会計」が苦手な人も読める本』になりました。

小田さんの大切にしていたことは大きく言えば二つある，と考えます。一つは物事を理解するということは，物事の「本質をつかむ」ことだということです。帯のコピーと袖の文章の最後に本質をつかむことを書き込みました。

大切にしていた二つ目は，本書が理論を学ぶのにとどまらず，実践の場で試して，実践力をすぐに付けてほしいということでした。袖の最後は，「本質をつかみスグ実践できる本」となっています。

また，今回のカバーデザイン原宗男氏によるもので，卵（ヒヨコ）

の可愛さが際立った素敵なものとなっています。

最後に，小田さんの思いが，新装版においても読者の皆様に届くことを祈ります。

2020年11月

西　川　郁　生

著者紹介

小田　正佳（おだ　まさよし）

1959年東京都生まれ。1982年早稲田大学政治経済学部経済学科卒業。同年大阪商船三井船舶株式会社に入社。北米部，米国勤務等を経て，1989年株式会社ニコルに入社。ライセンス・ニコルスポーツ事業部長，経営企画室長，取締役管理本部長，常務取締役，代表取締役社長を経て，2004年(有)たまご工房設立。実業界に長く身をおいた経験に基づく独自の視点で会計・投資知識などをわかりやすく伝えるコンテンツ制作，セミナー，講演，コンサルティング活動などに従事。

2004年没。

中小企業診断士。米国公認会計士（Certificate)。

主な著作に「資金を重視した経営分析〔改訂版〕」（共著），「経営分析の卵」，「ビッグバンの卵」，「米国会計の卵」（共著），「会計制度改革の卵」，「新世紀版　簿記の卵」，「個人投資家の卵」，「日本経済の卵」，「新　財務諸表の卵」，「新　管理会計の卵」（編著）（以上，税務経理協会），「よくわかる国際会計基準」（共著，中央経済社）等がある。

西川　郁生（にしかわ　いくお）

慶應義塾大学大学院客員教授，税理士法人髙野総合会計事務所シニアアドバイザー。

慶應義塾大学教授（2012年～2017年)。企業会計基準委員会（ASBJ）委員長（2007年～2014年)，日本公認会計士協会常務理事（1994年～2001年）を歴任。

主要著書『会計基準の針路』（中央経済社)，『会計基準の最前線』（税務経理協会）他多数。

著者との契約により検印省略

令和３年１月10日　初　版　発　行

新装版　キャッシュ・フローの卵《たまご》

―「会計」が苦手な人も読める本―

著　　者　小　田　正　佳
　　　　　西　川　郁　生
発 行 者　大　坪　克　行
印 刷 所　税 経 印 刷 株 式 会 社
製 本 所　牧製本印刷株式会社

発 行 所　〒161-0033 東京都新宿区
　　　　　下落合２丁目５番13号
株式会社　**税務経理協会**

振　替　00190-2-187408　　電話（03）3953-3301（編集部）
ＦＡＸ（03）3565-3391　　　　（03）3953-3325（営業部）

URL　http://www.zeikei.co.jp/

乱丁・落丁の場合は，お取替えいたします。

ISBN978-4-419-06756-4　C3034